# 경영정보시각화능력
# POWER BI 실기

# 경영정보시각화능력 POWER BI 실기

© 변정한·이순철·변우재, 2024

1판 1쇄 인쇄__2024년 08월 20일
1판 1쇄 발행__2024년 08월 30일

지은이__변정한·이순철·변우재
펴낸이__홍정표
펴낸곳__컴원미디어
　　　　등록__제25100-2007-000015호

공급처__(주)글로벌콘텐츠출판그룹
　　　　대표_홍정표  이사_김미미  편집_임세원 강민욱 홍명지 남혜인 권군오  기획·마케팅__이종훈 홍민지
　　　　주소__서울특별시 강동구 풍성로 87-6
　　　　전화__02) 488-3280  팩스__02) 488-3281
　　　　홈페이지__http://www.gcbook.co.kr
　　　　이메일__edit@gcbook.co.kr

값 24,000원
ISBN 979-11-90444-33-0  13000

대한상공회의소 주관 국가기술자격증

# 경영정보시각화능력

## POWER BI 실기

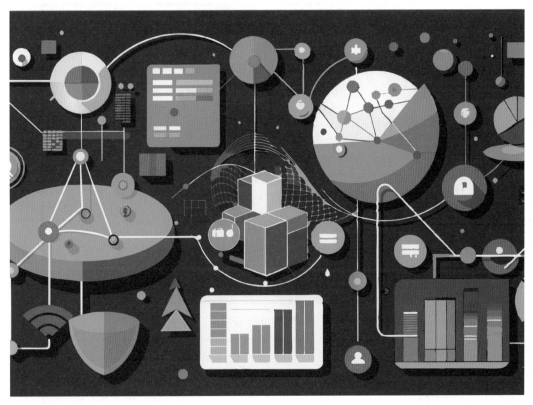

변정한·이순철·변우재 지음

**대한상공회의소 주관**
**빅데이터 시각화 국가기술자격증**
**POWER BI 실기**

컴원미디어

# 대한상공회의소
# 경영정보시각화능력 국가기술자격

경영관련 의사결정을 위해 기업 내외부의 정보를
시각적 요소를 사용해
효과적으로 표현하고 전달하는 능력을
평가하는 국가기술자격시험

## 시험의 특징

**주관기관**

대한상공회의소

**응시자격**

제함없음(단, 실기 시험은 필기 합격 후 2년 이내에 있는 실기 시험 응시 가능)

**시험과목**

| 등급 | 시험방법 | 시험과목 | 시험시간 |
|------|----------|----------|----------|
| 단일등급 | 필기 시험 | 경영정보 일반<br>데이터 해석 및 활용<br>경영정보시각화 디자인 | 객관식<br>60문항<br>60분 |
| | 실기 시험 | 경영정보시각화 디자인 실무 | 컴퓨터<br>작업형<br>70분 |

※ 윈도우 계산기 및 메모장 사용 불가

**합격기준**

**필기** : 매과목 100점 만점에 과목당 40점 이상, 평균 60점 이상
**실기** : 100점 만점에 70점 이상

## 경영정보시각화능력 실기 출제기준

| 주요항목 | 세부항목 | 평가사항 |
|---|---|---|
| 1. 경영정보<br>시각화<br>작업 준비 | 프로그램 실행 | • 시각화 프로그램 실행 능력 |
| | 파일 관리 | • 데이터 불러오기, 작업문서 저장하기 |
| | 데이터 가공하기 | • 여러 데이터 결합, 데이터 필드 분할과 결합<br>• 데이터 필드의 명칭, 형태, 데이터 유형의 변경 |
| | 데이터 계산하기 | • 데이터 계산을 위한 기본 함수식의 활용 |
| 2. 경영정보<br>시각화 결과물<br>레이아웃 구성 | 레이아웃 구성하기 | • 결과물 레이아웃 구성, 시각화요소를 레이아웃에 맞게 배치<br>• 시각화요소 외에 도형, 이미지, 텍스트 등의 삽입 능력 |
| | 대화식 화면 구성 | • 선택한 필드 데이터가 전체 시각화요소에 적용되도록 필터 구성<br>• 선택한 항목만 강조되도록 표시하는 능력<br>• 선택한 화면 또는 웹페이지로 이동할 수 있는 단추 생성 능력 |
| 3. 경영정보<br>시각화 요소<br>구현 | 차트 구성하기 | • 기본 차트와 복잡한 차트 구성능력<br>• 이중축을 활용한 차트 구성능력, 차트에 레이블 표현하는 능력 |
| | 테이블 구성하기 | • 테이블을 시각적 요소로 구현하는 능력 |
| | 시각화요소 디자인<br>변경하기 | • 시각화요소 및 레이블의 글꼴, 색상, 테두리, 도형 등의 디자인 변경 능력 |
| | 기능 활용하기 | • 레이블에 빠른 계산 적용, 특정 조건에 맞는 데이터만 나타나도록 필터<br>  구성 능력, 축설정/범례 제작능력, 데이터에 대한 설명 내용 변경 능력<br>• 간단한 요약값을 나타내기 위한 분석 기능 활용 능력 |

# 서 문

Power BI는 데이터 분석 및 시각화에 맞추어서 만들어진 솔루션으로 미래의 AI 빅데이터 플랫폼이다.

이 책은 대한상공회의소에서 시행하는 경영정보시각화능력 실기 국가자격증 취득을 위한 수험서로 Power BI를 학습하는 데 목적이 있다.

경영정보시각화능력 자격증의 직무 내용을 보면, "경영정보시각화는 경영 관련 의사결정을 위해 기업 내·외부의 정보를 시각적 요소를 사용하여 효과적으로 표현하고 전달하는 일이다."라고 정의하고 있다.

### 1장. 시각화 준비/[엑셀_데이터.xlsx, 액세스 파일: 01_영업관리.accdb]

경영정보시각화능력 자격증을 어떻게 준비해야 하는지와 경영정보를 왜 시각화해야 하는지에 대해 설명한다. 그리고 경영정보시각화능력 실기 모의 테스트 A/B형 기준으로 출제 구성을 자세한 분석을 제공한다.

또한 예제 데이터인 엑셀 〈성적 & 영업〉 데이터 구성을 자세히 설명한다.

### 2장. 시각화 기본/[경영정보시각화_02_01.pbix]

엑셀 데이터 가져오기 전처리 데이터 기반으로 시각화를 위한 Power BI의 리본 메뉴를 설명하고, 파워 쿼리에서 가져온 데이터를 처리하는 DAX 함수 및 서식을 학습한다. 마지막으로 예제 데이터 기준으로 〈테이블〉 관계 설정을 학습한다.

### 3장-4장. 시각화 학습 및 응용/[경영정보시각화_03_01, 경영정보시각화_04_01. pbix]

기본 시각화에 필요한 20여 개의 차트를 데이터/서식에 맞추어서 설명하고, 모의 테스트 기반으로 〈성적/영업〉 유사 문제를 만들어 응용 학습한다.

### 5장. Dax/[경영정보시각화_05_01, 경영정보시각화_05_03.pbix]

자격증에 공시된 Dax 함수 이외의 함수까지 철저히 예제 중심으로 학습을 제공한다.

이 책에서 소개하지 못한 Power BI의 기능인 AI 및 주요 영향 요인 분석은 저자가 운영하는 네이버 카페에서 별도로 제공하고 있다. 이 책은 저자가 25년 이상 오피스 부문의 개발 및 교육 마스터를 수행한 경험을 바탕으로 만들었다. 진심으로 독자들의 자격증 취득에 도움이 되는 수험서가 되길 바란다.

2024. 08. 15.

대표 저자 변정한

이 책의 예제파일은 https://cafe.naver.com/office2080에 공지글로 게시되어 있다.

## 시각화 기본

## 시각화 차트

# DAX 함수

# 시각화 응용

부록

## 시행처 공개문제

I

시각화
준비

# 시각화의 목적

## 1 경영정보 시각화

Power BI는 빅데이터 플랫폼 클라우드 제품으로, 2016년에 마이크로소프트사가 기업 인수 합병을 통해서, 엑셀과 다른 분석용 도구인 MS Power BI에 집중 투자를 하고 있다. 2030년까지 전 세계 데이터 시장은 7,500억 달러로 성장할 것으로 예상된다. **데이터는 더 커지면서 중요해지고, 나아가 데이터를 활용하는 시장도 더 발전한다.**

데이터에 대한 접속은 늘어나지만, 데이터 통찰력은 상대적으로 감소하고 있다. 데이터의 크기는 커졌지만, 데이터를 분석하고 평가하는 시각화의 요구 조건에 맞추어서 발전하지 못하였다. 미래에는 '**데이터 활용도**'의 중요성이 강조되며, 어떻게 활용할 것인가에 따라 데이터의 가치가 달라질 것이다.

**"어떻게 해야 데이터를 잘 활용할 수 있을까?"**라는 데이터 사용 역량 평가는 **"데이터 분석"**과 **"시각화"**로 양분화 되어 있다. 데이터 시각화는 데이터 분석 결과를 시각적으로 표현하는 것이다.

앞으로 데이터 시각화는 데이터 분석 전문가뿐만 아니라, 일반 유저가 'Power BI'와 같은 데이터 시각화 도구를 활용하는 시대가 될 것이다.

그럼 왜 데이터 시각화를 해야 하는지 그 이유를 알아보자.

> **빅데이터 자료를 요약 시각화해야 하는 필요성은 무엇인가?**
> • 많은 빅데이터를 간단히 요약할 수 있는가?
> • 간단한 경영정보 시각화 차트로 표현할 수 있을까?에 달려 있다.

본 저서는 빅데이터 시각화를 학습하고자는 일반 유저와 Power BI를 이용해 **대한상
공회의소 경영정보시각화 국가 자격증**을 취득하는 데 맞추어서 진행한다.

시각화 학습내용은
• 모든 산업 직종 업무 시각화 분석
• 연구 과제의 시각화 차트 구축
• 기업 및 공공 빅데이터 플랫폼 구축
• 경영정보시각화 국가자격증 취득에 맞추어져 있다.

Power BI는 매월 업데이트가 진행되고 있으며, 3가지 화면으로 구성되어 있다.
1. Power BI Desk Top
2. Power BI 서비스
3. Power BI 웹/앱

Power BI는 이종 간의 빅데이터 분석 및 시각화 기능을 보유하고 있으며, 다음과 같
은 장점을 가지고 있다.
1. 데이터 상호 작용을 통해서 시각화 차트를 이용하여 다양한 데이터 통계 분석
2. Power BI 서비스 버전은 클라우드 제공 및 다양한 웹 보고서 및 공유 대시보드
   작성
3. Power BI 웹/앱 버전은 게시 보고서 및 대시보드를 웹 혹은 앱(Apps)으로 게시
4. 최근에는 Office 365와 연결해서 유저에게 정보를 제공하고 있다.

본 저서는 Power BI를 이용한 **대한상공회의소 경영정보시각화능력 국가자격증 취득**에
맞추어서 학습을 진행한다. 본 저서는
1. 데이터 전처리 및 관계 설정 기본 메뉴
2. 시각화 개체 학습
3. Dax 함수 중심으로 예제 학습을 진행한다.

## Power BI 특징 요약

**1** 데스크탑 Power BI는 작성된 보고서를 데이터와 연결된 클라우드 서비스의 대시보드 전환이 가능하고 데이터 트렌드 지표까지 분석한다.

**2** 데이터는 엑셀, 문서부터 SQL뿐만 아니라 파이썬 스크립트 및 통계분석 도구인 R과 연결하여 차트 통계 분석을 한다.

**3** 웹 서비스를 통해서 보고서를 인터넷 상에서 공유함으로써, 공유자간 다양한 게시 보고서를 참조하여 새로운 대시보드로 통합 게시함으로써 부서간 업무 공유를 할 수 있다.

**4** 엑셀부터 서버 데이터는 Power BI 데이터로 변환되어서 새롭게 통합 질의가 가능하기 때문에 Power BI용 테이블 및 쿼리 작성 함수 프로그래밍이 가능하다.

**5** 엑셀 유저의 피벗/차트 컨트롤 방식과 유사한 방식으로 익숙한 환경에서 테이블 및 파워 쿼리를 통해서 고급 편집기에서 편집할 수 있다.

**6** 시각적 편집 툴로 데이터를 단순화하거나 불필요한 필드의 열을 제거할 수 있다.

**7** 시각화 데이터에 자바스크립트(Javascript), 스타일은 CSS 등의 기능이 추가되었다

**8** 오피스 365 기업용 사용자들과 기능을 서로 공유할 수 있다.

**9** 무료 버전은 1GB까지 스마트폰 웹 게시, 데이터를 최대 48번까지 새로 고침을 할 수 있다.

단기간에 Power BI 학습이 가능하도록 **중복 설명 제외, 설명 요약 단순화, 정확한 해설** 위주로 진행한다. 학습 전에 대한상공회의소 자격검증단 웹사이트에서 자격시험 관련 정보를 다운로드해서 학습한다.

경영정보시각화 자격증의 직무 내용을 보면, "경영정보시각화는 경영 관련 의사결정을 위해 기업 내·외부의 정보를 시각적 요소를 사용하여 효과적으로 표현하고 전달하는 일이다."라고 정의한다. 본 저서는 단기간, 쉽고 빠르게, 정확한 정보를 제공해서 자격증 취득 학습이 목적이다.

> **팁** Power BI를 어느 수준까지 연마해야 자격증 취득이 가능할까? 객관적인 사실을 증명하기는 어렵지만, 엑셀의 차트는 피벗 테이블, 엑셀 함수는 lookup 정도, 데이터는 기본 SQL 테이블 만들기 및 관계형 사전 학습이 요구된다.

## 2  시각화의 목적

### 데이터 시각화를 해야 하는 이유

데이터가 빅데이터화 됨에 따라 엑셀 차트로는 표현의 한계가 있다. 엑셀을 이용하여 분석하면, 데이터를 분석하고 시각화 하는 데 많은 시간이 소요되며, 변화의 추이까지 분석하는 데 한계가 있다.

### 데이터 시각화는?

빅데이터를 시각적 요소를 활용해 요약해서 표현해야 한다. 산업, 의료, 보험 등에서 만들어진 빅데이터가 다양한 분야에서 시각화가 될 때 현상을 파악하고 예측할 수가 있다. 그래서 데이터베이스는 기본이며, 시각화 담당자는 직접 경영정보 환경에 맞추어서 시각화를 구현하는데, Power BI가 이런 기능을 제공한다.

Power BI는 다양한 형태의 차트/바를 활용하여 도형의 크기, 위치나 색상 등으로 데이터를 시각화해서 분석 데이터의 통찰력을 극대화하고, 정적인 형태의 차트와 데이터를 동적인 공간에서 분석 시각화는 동시에 데이터 정렬 & 필터링 등을 제공한다.

데이터 시각화 차트에서, 시각화 요소의 형태, 크기, 위치나 색을 근거로 시각적 트렌드 혹은 패턴으로 추이를 분석한다. 데이터 분석을 위한 전문적인 기술을 보유하지 않아도, 각자의 시각적 패턴을 통해 누구나 쉽게, 데이터 통찰력을 높일 수가 있다. 그만큼 시각화를 통해 데이터 활용 영역이 커지고 데이터의 새로운 가치를 만들어낼 수 있다. 데이터 시각화를 활용함으로써 시각적 패턴에 근거한 '스토리텔링'을 만들어서 분석 결과로 인사이트가 만들어진다.

---

**시각적 요소**

1. 데이터 시각화 및 활용
2. 누구나 쉽게 데이터 시각화
3. 시각화가 요약 데이터 통계
4. 시각화와 데이터 인사이트 의사 결정
5. 데이터 시각화 사업 영역

---

Power BI는 **파워 쿼리**, **Power BI**라는 2개의 화면으로 구성되어 있다. 시각화 자격 검정 시험에 맞추어서 소스 파일은 [엑셀/텍스트] 파일 위주로 학습한다.

**팁** Power BI의 도움말은 약 3000페이지 분량이 제공되고 있으며 상시 업데이트 중이다. 도움말은 PDF 파일로 다운로드가 가능하다. 구글에서 'Power BI 매뉴얼 다운로드'라고 검색하면, PDF파일로 된 Power BI 매뉴얼을 손쉽게 찾아 다운로드 할 수 있다.

**1** 먼저, 공개된 모의 테스트 A와 B를 통해 출제 내용을 분석해보자.

| A 문형 | | | | A 문형 | | | |
|---|---|---|---|---|---|---|---|
| 그룹 | 번호 | 구분 | 문제 | 그룹 | 번호 | 구분 | 문제 |
| 1 | 1 | 쿼리 | 쿼리 | 1 | 1 | 쿼리 | 쿼리 |
| 1 | 2 | 쿼리 | 쿼리 | 1 | 2 | 쿼리 | 쿼리 |
| 1 | 3 | 보고서 | 보고서 | 1 | 3 | 쿼리 | 쿼리 |
| 1 | 4 | 테이블 | Dax | 1 | 4 | 쿼리 | 쿼리 |
| 1 | 5 | 관계 | 관계 | 1 | 5 | 관계 | 관계 |
| 1 | 6 | 테이블 | Dax | 1 | 6 | 테이블 | Dax |
| 1 | 7 | 테이블 | Dax | 1 | 7 | 테이블 | Dax |
| 1 | 8 | 보고서 | 서식 | 1 | 8 | 테이블 | Dax |
| 2 | 1 | 보고서 | 슬라이서 | 1 | 9 | 테이블 | Dax |
| 2 | 2 | 보고서 | 카드 | 1 | 10 | 테이블 | Dax |
| 2 | 3 | 보고서 | 묶음 막대형차트 | 2 | 1 | 보고서 | 페이지 스타일 배경추가 |
| 2 | 4 | 보고서 | 묶음 가로막대형 차트 | 2 | 2 | 보고서 | 카드 |
| 2 | 5 | 보고서 | 필터 | 2 | 3 | 보고서 | 슬라이서 |
| 2 | 6 | 보고서 | 꺾은 선형 차트 | 2 | 4 | 보고서 | 리본차트 |
| 2 | 7 | 보고서 | 꺾은 선형 차트 | 2 | 5 | 보고서 | 도넛츠 차트 |
| 3 | 1 | 보고서 | 슬라이서 | 3 | 1 | 테이블 | Dax |
| 3 | 2 | 보고서 | 꺾은 선형 누적 차트 | 3 | 2 | 테이블 | Dax |

| A 문형 | | | | A 문형 | | | |
|---|---|---|---|---|---|---|---|
| 그룹 | 번호 | 구분 | 문제 | 그룹 | 번호 | 구분 | 문제 |
| 3 | 3 | 보고서 | 꺾은 선형 누적 차트 | 3 | 3 | 보고서 | 매개변수 |
| 3 | 4 | 보고서 | 슬라이서 상호작용 | 3 | 4 | 보고서 | 꺾은 선형 및 묶음세로 막대 |
| 3 | 5 | 보고서 | 매개변수 | 3 | 5 | 보고서 | 슬라이서 |
| 3 | 6 | 보고서 | 차트 연결 | 3 | 6 | 테이블 | Dax |
| 3 | 7 | 보고서 | 묶은 선택 막대 | 3 | 7 | 테이블 | Dax |
| 3 | 8 | 보고서 | 행렬 차트 | 3 | 8 | 테이블 | Dax |
| 3 | 9 | 보고서 | 행렬 차트 | 3 | 9 | 보고서 | 테이블 차트 |
| 3 | 10 | 보고서 | 필드 조건부 서식 | 3 | 10 | 보고서 | 조건부서식 |
| 3 | 11 | 보고서 | 페이지 탐색기 | 3 | 11 | 보고서 | 계기 차트 |
| 3 | 12 | 테이블 | dax | 3 | 12 | 테이블 | dax |
| 3 | 13 | 테이블 | dax | 3 | 13 | 테이블 | dax |
| 3 | 14 | 테이블 | dax | 3 | 14 | 보고서 | 페이지 이동 |
| 3 | 15 | 테이블 | dax | 3 | 15 | 보고서 | 상호작용 |

모의 테스트 문제 A/B 유형 분석한 결과로 출제 유형 패턴에 맞추어서 학습한다.

## ② 전체 분석

| 구분 | A형 | B형 | 합계 |
|---|---|---|---|
| 관계 | 1 | 1 | 2 |
| 보고서 | 20 | 13 | 33 |
| 계기 차트 | | 1 | 1 |
| 꺾은 선형 누적 차트 | 2 | | 2 |
| 꺾은 선형/세로 막대 | | 1 | 1 |
| 꺾은 선형 차트 | 2 | | 2 |
| 도넛츠 차트 | | 1 | 1 |
| 리본차트 | | 1 | 1 |
| 매개변수 | 1 | 1 | 2 |
| 묶은 선택 막대 | 1 | | 1 |
| 묶음 가로막대형 차트 | 1 | | 1 |
| 묶음 막대형차트 | 1 | | 1 |

| 구분 | A형 | B형 | 합계 |
|---|---|---|---|
| 보고서 | 1 | | 1 |
| 상호작용 | | 1 | 1 |
| 서식 | 1 | | 1 |
| 슬라이서 | 2 | 2 | 4 |
| 슬라이서 상호작용 | 1 | | 1 |
| 조건부서식 | | 1 | 1 |
| 차트 연결 | 1 | | 1 |
| 카드 | 1 | 1 | 2 |
| 테이블 차트 | | 1 | 1 |
| 스타일/배경추가 | | 1 | 1 |
| 페이지 이동 | | 1 | 1 |
| 페이지 탐색기 | 1 | | 1 |
| 필드 조건부 서식 | 1 | | 1 |
| 필터 | 1 | | 1 |
| 행렬 차트 | 2 | | 2 |
| 쿼리 | 2 | 4 | 6 |
| 테이블/DAX | 7 | 12 | 19 |
| 총합계 | 30 | 30 | 60 |

## ❸ 모의 테스트 결과 요약

| 구분 | A형 | B형 |
|---|---|---|
| 관계 | 1 | 1 |
| 보고서 | 20 | 13 |
| 쿼리 | 2 | 4 |
| 테이블 | 7 | 12 |
| 총합계 | 30 | 30 |

전체적인 분석 결과는 다음과 같다.

- 파워 쿼리
- 시각화 개체
- Power BI 메뉴
- 테이블 및 관계- DAX 함수 수준

시각화 100% 점수 기준으로 **데이터 기초 30%, 개별 시각화 30%, 응용 시각화 40%**의 비중을 보여준다.

# 2 Power BI 구성

빅데이터 플랫폼 Power BI는 이종 간의 데이터베이스까지 [파워 쿼리]로 연결해서, 시각화 보고서를 작성한다.

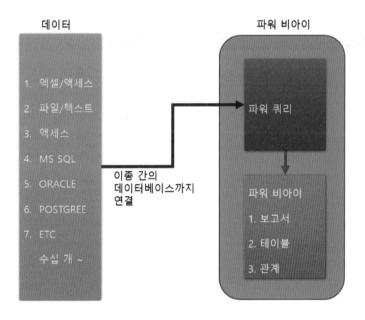

Power BI에서 데이터 수정/삭제한다고 해도 데이터베이스 원본은 바뀌지 않는다. Power BI는 데이터를 연결해서 시각화를 도출하고 분석하는 솔루션이기 때문이다.

# 1 파워 쿼리

파워 쿼리는 **'분석 요구에 부합하도록 데이터 원본을 검색, 연결, 결합 또는 구체화할 수 있게 해주는 데이터 연결 기술'**이다. 파워 쿼리 편집기를 통해서 Power BI의 시각화 차트 분석을 쉽게 하기 위해서 메뉴 [홈], [변환], [열 추가] 등을 학습한다.

파워 쿼리 편집기를 학습하는 이유는 시각화 데이터를 만들기 위해서 데이터를 적정한 값으로 변경해줘야 하기 때문이다. 이는 데이터 시각화의 기본 작업이라 할 수 있다. 무작정 마우스 클릭만으로 시각화 차트를 만들 수는 없다. 따라서 엑셀에 연결된 예제 중심으로 파워 쿼리 편집기를 학습한다. 먼저, Power BI [홈] 메뉴의 [외부 데이터] 그룹에서 [쿼리 편집] 아이콘을 클릭하고 이어서 나타난 드롭다운 메뉴에서 [쿼리 편집]을 선택한다. 그러면 파워 쿼리 편집 창이 새롭게 나타나며, 전체 메뉴 구성은 다음과 같다.

**1** 먼저 Power BI를 실행한 후에 '빈 보고서'를 클릭한다.

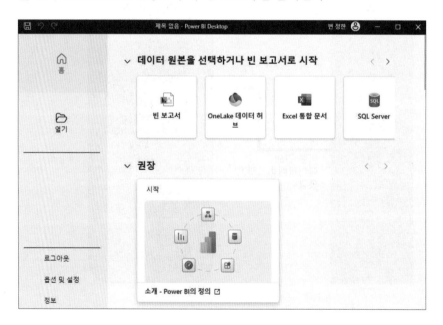

**2** [홈]-[쿼리] 그룹에서 [데이터 변환]을 클릭한다.

**3** 파워 쿼리 구성은 다음과 같다.

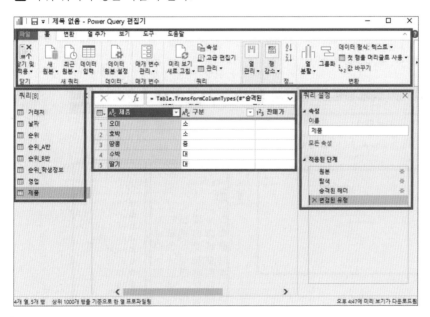

파워 쿼리로 데이터 가져오기 방법은 뒤에서 설명하고 먼저 메뉴 구성을 알아 보자.

[파워 쿼리] 리본 메뉴는 [홈], [변환], [열 추가], [보기], [도움말]로 구성되어 있다. 중간

보고서 그룹, 좌측에는 [쿼리 이름], 가운데는 [테이블 정보], 우측에는 [쿼리 설정]으로 구성되어 있다.

가져온 데이터를 Power BI 파일 내에서 편집하며, 데이터 원본이 변경된다면, 메뉴의 [새로 고침] 클릭해서 [데이터 새로 고침]을 한다. 특히 [쿼리 설정]의 [적용된 단계]는 데이터가 변경된 히스토리를 보여주며, 만약 [적용된 단계]를 [원본]으로 선택한다면, [원본] 값으로 시각화 데이터로 변경된다. 혹은 '적용 단계 내용'을 선택 삭제 및 선택된 단계 이동된다.

[적용된 단계]의 장점은 데이터 원본부터 [적용된 단계]의 리스트를 보면서 적용 수준 단계를 정할 수가 있다는 점이다.

## ② Power BI [보고서]

Power BI의 '보고서' 분야는 경영정보시각화 검정시험 출제 문제의 거의 70%를 차지하고 있다.

- Power BI는 상단, 리본 메뉴 [파일], [홈], [보기], [모델링], [도움말]로 구성되어 있다.
- 중간 좌측 바에는 '보고서, 테이블, 관계, DAX' 그룹을 선택할 수가 있다.
- 중간 우측에는 [필터], [시각화], [필드] 패널 구성되어 있다.

  [시각화] 개체는

    - 시각화 개체 빌드를 선택하고, 보고서에 시각화 개체를 추가

    - 시각적 개체 필드 변경하고, 보고서 서식을 변경

    - 특히 보고서 서식에는 개체와 관련된 특정 서식과 일반 서식 구분

    - 우측에는 분석이 있는데 시각화 개체에 따라 표시되며, 다양한 추세선을 지정
- 아래는, 보고서의 페이지를 '+' 아이콘으로 추가/삭제할 수가 있다.

이런 메뉴 기능을 모두 학습을 해야 자격시험 합격이 가능할까? 시각화 문제 위주로 집중하면, 가능성이 높다. 모의 테스트 A + B 문제 총 60개에서 보고서 부문만 분석하였다.

| 구분 | 문제 수 |
|---|---|
| 매개변수 | 2 |
| 보고서 | 5 |
| 상호작용 | 2 |
| 슬라이서 | 4 |
| 차트 | 17 |
| 필터 | 3 |

🔍 **시각화 문제**　　**모의 테스트 기준으로 보고서 부문만 분석한 결과는?**

문제 개수는 적지만, 문제 점수 비중은 상대적으로 높다. 출제된 모의 테스트 기준으로 학습하며, 시각화 차트의 내용을 정확히 이해하고, 차트별로 서식 변경할 수 있는가? 라는 수준 정도로 출제되었다.

Power BI의 '테이블'은 다음과 같은 화면으로 구성되어 있다.

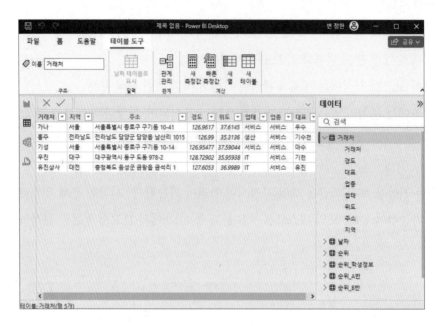

테이블은 [파워 쿼리 편집기]에서 작성된 로드된 데이터의 테이블/필드만 보여주며, [파워 쿼리]가 데이터 가져오기가 중심이라면, [파워 비아이]는 시각화 개체 처리가 중심이다.

 **팁** 모든 개체 〈테이블 이름〉 및 [필드 이름]을 마우스 우측 클릭하면 다양한 속성을 제공하며, 속성 목차에 따라 학습한다.

# 4 Power BI [관계]

'관계'는 데이터 창을 보면 테이블/모델 탭 창이 있고, 테이블에는 테이블/필드로 구성, 테이블/필드를 선택하면 [속성] 창에는 [관계설정] 관련된 서식들이 있다.

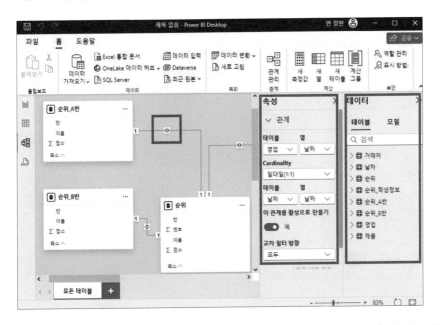

"왜 테이블간 관계 설정하는가?"라고 질문했을 때 해답을 설명하려면 많은 시간이 소요된다. 이 질문에 대한 답은 인터넷으로 학습이 가능하다.

시각화 문제를 풀기 위해서, 사전에 엑셀 시트별로 데이터를 작성해 본다.

• 테이블을 왜 만들까?

• 필드를 왜 만들까?

• 쿼리를 왜 만들까?

• 테이블 간에 왜 관계설정을 할까?

라는 궁금증이 있겠지만, 이에 관해서는 시각화 개체 문제를 해결하는 과정에서 자세히 설명한다.

> 🔍 **시각화 문제** 엑셀 유저가 시각화 시험 문제를 해결하기 위해서는 위의 4가지 질문에 대한 해답을 찾아야 하며, 특히 테이블 작성 및 관계 학습에 집중해야 한다.

# **5** Power BI [DAX]

Power BI [DAX]는 2024년 3월 이후 업데이트하면, 신규 추가된 내용이다.

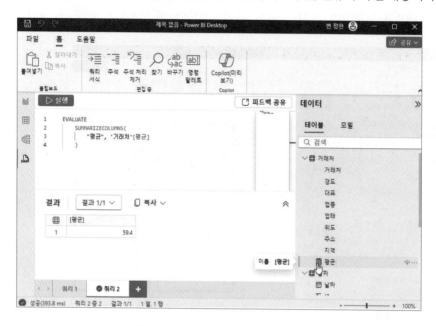

테이블에서 [새 측정값]을 이용해서 작성된 [새 측정값] DAX 함수를 분석한다.

[평균] 필드를 선택하고, 실행을 클릭하면, 상단 위에는 관련된 DAX 매크로가 보여지며, 하단에는 함수 실행 결과 값을 보여 준다. 함수 실행별로 하단에 새로운 [쿼리 시트]가 작성된다.

> 경영정보시각화 자격검정 시험 문제에는 DAX 기능을 이용하도록 하는 문제가 아직 없다. 하지만, 신규 버전 사용자는 시험 문제를 풀 때 DAX 함수 결과를 확인하는 데 유용하다.

**시각화 학습 방법 단계**는 **1** 엑셀로 데이터를 만드는데 데이터베이스 기준으로 테이블 및 관계 설정을 이해하고, **2** [파워 쿼리]에서 엑셀 데이터를 가져와 테이블/필드 속성을 편집하고, **3** [관계] 그룹에서 테이블 간의 정확한 관계 설정 확인, **4** [데이터] 그룹에서 데이터의 DAX 및 서식 등 학습하고 **5** 마지막으로 [보고서]에서 시각화 개체 및 DAX 요약 [필드]로 [차트]를 작성한다.

# 데이터 준비

이 책의 예제파일은 https://cafe.naver.com/office2080에 공지글로 게시되어 있다.

## 1  '엑셀/성적관리' 예제 파일 데이터 분석

**1** 엑셀 파일 '성적관리'를 분석한다.

엑셀 [순위_학생정보] 시트를 보면, A1 셀부터 **'이름, 학번, 반, 성별, 출생지'**로 구성되어 있다.

엑셀 함수 'SUMIF, VLOOKUP' 로 일부 시각화 문제를 해결하겠지만, 1,000만 개 데이터를 엑셀로 데이터 시각화 하는 데 한계가 있다. 이럴 때 Power BI를 이용한다면 쉽게 시각화 문제가 해결된다.

> **팁**  먼저 액세스/MS SQL 기본 테이블 학습을 한 후에, Power BI 학습을 권한다.

**2** 성적은 [순위] 및 학생 정보인 [순위_학생정보] 시트로 되어 있다.

시트 [순위_학생정보]는 전체 학생의 데이터로 필드는 **'번호, 이름, 정수, 반'**으로 구분되어 있다. 시트 [순위]는 열 **'번호, 이름, 점, 반'**으로 되어 있다.

> **팁**  1,000만 개 이상의 레코드를 가진 데이터를 엑셀 함수와 피벗으로 연결해서 데이터 계산이 가능할까? "결론적으로 계산이 불가능하다." 문제를 해결할 방법은? **데이터베이스로 문제를 해결**한다.

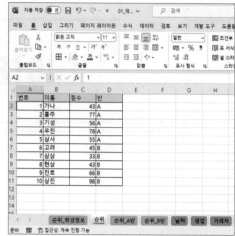

**❸** '순위_A반'/'순위_B반' 시트는 다음과 같다.

엑셀 [순위_학생정보] 시트를 보면, A1 셀부터 **'이름, 학번, 반, 성별, 출생지'**로 구성되어 있다.

엑셀 함수 'SUMIF, VLOOKUP'으로 일부 시각화 문제를 해결하겠지만, 1,000만 개의 데이터를 엑셀로 시각화 하는 데는 한계가 있다. 이럴 때 Power BI를 이용하여 쉽게 시각화 문제를 해결할 수 있다.

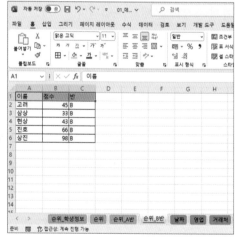

2개의 반별로 열 **'이름, 점수, 반'**으로 시트가 구성된 이유는 각 반 가정해서, 하나의 데이터로 통합해서 시각화 할 수 있는가? 라는 가정으로 만들었다

**1** 예제 파일인 〈영업판매〉의 구성은 오른쪽 그림과 같다.

엑셀 시트 [날짜]는 '**날짜, 년, 월, 일, 주, 주일, 쿼터**' 필드로 구성되어 있다

> 🔍 **시각화 문제** 경영정보시각화능력 자격시험 모의 테스트에서 날짜 테이블로 "년/월/일" 만드는 과정이 출제되었다.

**2** 시트 '영업' 구성은 오른쪽 그림과 같다.

영업 시트는 '**번호, 날짜, 거래처, 제품, 수량, 할인율**' 등으로 필드가 구성되어 있다.

판매를 위한 데이터 구분 [번호] 필드가 있고,

언제 거래 날짜가 있고,

영업에서 거래처는 기본이고

제품을 몇 개 구매하였는지 수량이 있고,

할인율도 있어서,

다양한 시각화 문제를 유추할 수가 있다.

**3** 거래처 설명: '[거래처], [지역], [주소], [경도], [위도], [업태], [업종], [대표]' 등 필드가 있다.

거래처별로 다양한 문제를 학습할 수 있다.

• 거래처별 총판매

• 지역별/업태별 판매

• 지역 위치별로 Map 지도 시각화 등 보고서를 만든다.

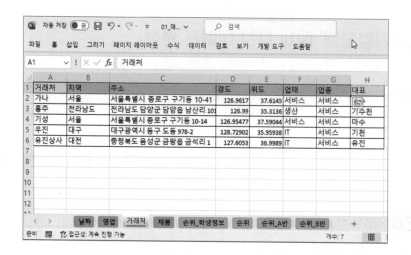

**4** 시트 [제품]은 '제품, 구분, 판매가, 원가' 필드로 구성되어 있다.

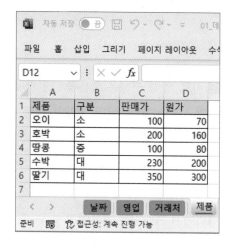

 **팁**

엑셀 시트 〈순위〉, 〈영업〉 구성을 학습하면서 시각화 문제를 만들어 보자!

• 제품관련 매출 실적, 월별 행렬 데이터
• 판매가–원가 = 수익 정보화

먼저 시각화 모의 테스트 문제보다는 엑셀 데이터를 갖고 직접 시각화 문제를 만들고, 풀어보는 습관이 필요하다.

이런 질문을 해 본다. 왜? 행으로 데이터를 입력해야 하는지? 왜? 엑셀은 데이터 베이스 구조가 아닌지? 등 엑셀 유저 입장에서 보면, 학습하기 어려운 부문이 아닌가!
시각화 자격증 시험은 엑셀 기반의 데이터 전처리로 설명하지만, 현업에서는 Power BI는 서버 중심의 데이터베이스로 시각화를 만든다. 따라서 데이터베이스의 테이블 및 쿼리 & 관계형 설정 등은 선행 학습이 필요하다.

다음과 같이 간략한 데이터베이스 관계형을 액세스로 알아 본다.

## 5 액세스

액세스에서 엑셀 데이터를 가져오기를 이용해서 액세스 테이블로 저장한 후에 관계형
을 작성한다.

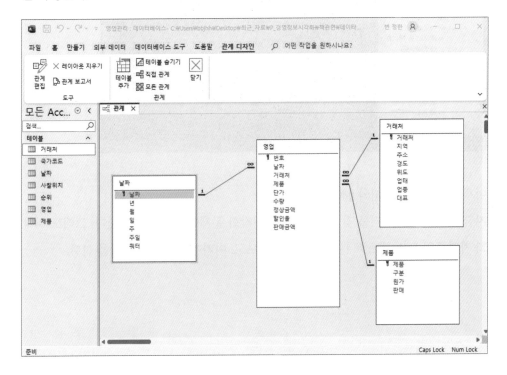

데이터베이스를 학습하는데 액세스 SQL 구문 및 관계형 설정 학습이 쉽다.

테이블 〈영업〉, 〈거래처〉, 〈제품〉, 〈날짜〉 간에 관계 설정을 이해를 해야 Power BI 시
각화 문제를 풀 수가 있다. 관계형 문제를 엑셀로 해결하면, 데이터 [관계]를 이해하지
못할 것이다. 되도록 시각화 문제를 해결하기 위해서는 테이블 작성, 쿼리 구성 및 관계
형을 학습한다.

## 6 데이터베이스

마이크로소프트사는 MS SQL을 제공하며, 무료 버전 SQL Express 버전부터 클라우
드 에저(Azure) 서비스를 제공하고 있다.

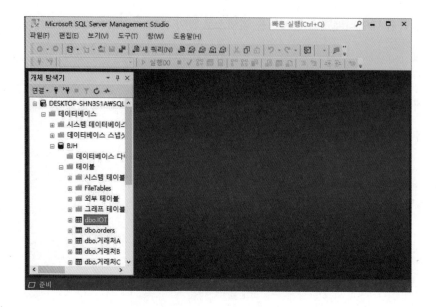

이제부터 [Power BI]의 [메뉴]를 학습한다.

지금까지 엑셀 데이터를 갖고 Power BI 시각화 문제를 풀어가도록 한다. 그래도 시각화 자격증의 모의 테스트 분석 결과를 살펴보고, 여기에 맞추어서 학습을 한다.

Power BI

Ⅱ

시각화
기본

# 파워 쿼리

이 책의 예제파일은 https://cafe.naver.com/office2080에 공지글로 게시되어 있다.

## 1 데이터 가져오기

엑셀 성적/영업판매 시트를 전체 가져오기를 한다.

예제파일인 엑셀 시트 '순위_학생정보~제품'까지 데이터를 가져온다.

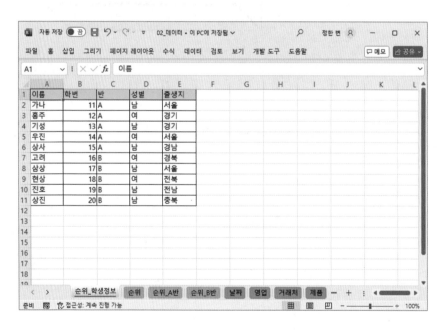

이제부터 Power BI에서 1. 성적관리, 2. 영업판매 업무별로 나눠서 데이터를 시각화해보자.

# 엑셀 연결

**1** [홈]-[데이터 가져오기]-[Excel 통합 문서]를 클릭한다.

**2** 데이터 가져오기 Excel 통합 문서를 찾아서 클릭한다.

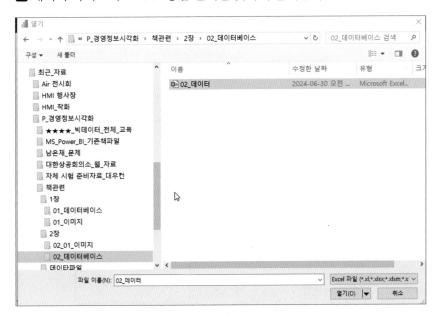

❸ 열기 창에서 엑셀 파일 선택한 후에 [열기]를 클릭하고, [탐색 창]에서 필요한 [시트]만 체크한 후에 버튼 [로드] 클릭, Power BI로 가져오기를 한다.

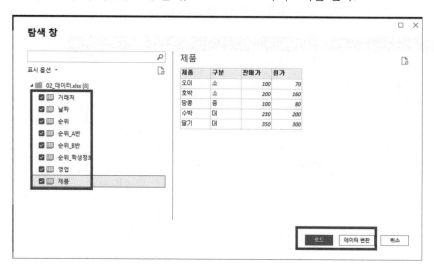

 1. [로드]는 데이터를 Power BI로 저장

2. [데이터 변환]은 데이터 편집 창인 [파워 쿼리] 창으로 열린다.

❹ [파워 쿼리] 편집창으로 이동하기 위해서 [데이터 변환]을 클릭한다.

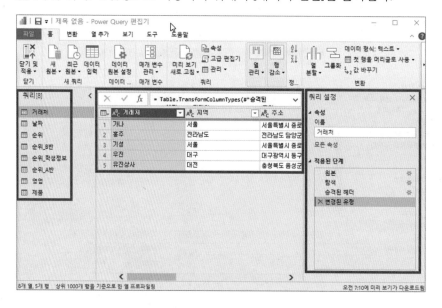

좌측에는 테이블 리스트, 중간에는 선택 테이블의 데이터, 우측에는 선택된 테이블의 [쿼리 설정] 메뉴가 있다.

> 🔍 **시각화 문제** 시험 문제인 엑셀 데이터를 연결해서 학습하지만, Power BI는 ORACLE, MS SQL, MY SQL, 엑셀 등을 이종 간 데이터베이스로 연결하는 빅데이터 플랫폼 솔루션이다.

## 2 파워 쿼리 주요 메뉴

[홈] 그룹의 메뉴는 Power BI의 메인 기능과 같으며, 메뉴 [쿼리]부터 [AI인사이트] 까지 있다.

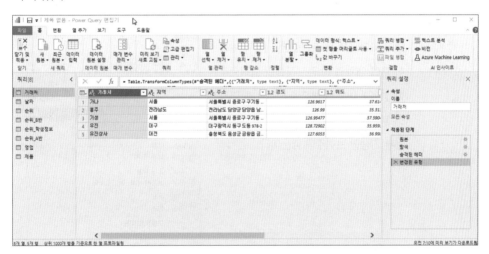

### 1 쿼리

• [새로 고침]

선택된 거래처 테이블만 새로 고침을 할지, 전체 새로 고침으로 나눠진다.

• [속성]

〈거래처〉 테이블을 선택하고 속성 클릭, 테이블

이름이 변경되며, Power BI에서 보이도록 [로드 사용]을 체크하면, Power BI 화면에서 보인다.

> **🔍 시각화 문제** [로드 사용] 여부는 [파워 쿼리] 각 테이블을 [테이블/보고서]에서 보이도록 설정한다.

• [고급편집기]

데이터 원본 및 쿼리 설정의 [적용된 단계별]을 코딩(M 코드)으로 보여준다. Power BI 전문가라면, [고급편집기]는 필수 컨트롤 부문이다.

• [관리]

[삭제, 복제, 참조]로 구분되며, [삭제]는 선택된 테이블을 삭제하고, [복제/참조]는 다른 테이블 이름으로 추가한다.

> **👉 팁** 먼저 각 개체 학습은 리본 메뉴의 [상황] 탭의 시각화 속성 중심으로, 나중엔 익숙한 후에 개체를 마우스 우클릭 방식으로 학습한다. 이유는 개체를 선택한 후 마우스 우클릭으로 리스트를 펼치는 방식은 일부 기능만 보여주기 때문이다.

## ② [열 관리]는 [열 선택]/[열 제거]

선택된 테이블의 선택된 [열] 필드를 선택한 후에 열을 이동하거나, 혹은 선택된 열 필드를 삭제한다.

• 마우스로 CTRL(개별선택) /SHIFT(구간선택)로 필드 개별 선택, CTRL + 필드 [지역]

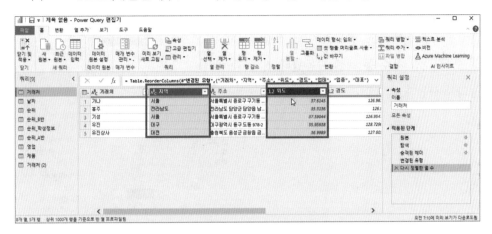

[위도]를 선택해서 삭제/이동할 수도 있으며, [쿼리 설정]의 [적용된 단계]에는 실행 결과를 보여준다. 선택된 열을 제외하고 삭제하는 등 열과 관련된 컨트롤을 학습한다.

 [파워 쿼리]에서 [테이블]/[필드]를 삭제해도 원본 엑셀 파일의 데이터에 반영되는 것은 아니다. 파워 쿼리에서 테이블을 [로드 사용] 여부 및 [열/행] 컨트롤을 지속적으로 학습한다. 그리고 선택된 테이블 속성 창 [적용된 단계]를 잘 활용하라! 이 기능은 이전 상태로 데이터를 변환해서 편집할 일이 있을 때 도움이 된다.

## ③ [행 감소]는 [행 유지]/[행 제거]

[행]은 [데이터/레코드]로, 데이터에 대한 필터링의 개념으로 이해한다.

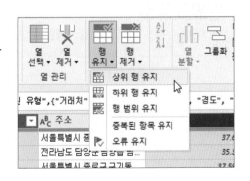

• 상위 행 유지

• 하위 행 유지

• 중복된 항목 유지

• 오류 유지

즉, 레코드를 위/아래 개수 및 중복된 항목을 유지한다.

[반] 필드를 선택하고, 콤보 데이터 정렬인 오름/내림 차순 등 엑셀 자동필터 기능과 유사한다.

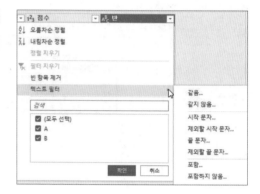

### 4 [변환] 그룹

• [열 분할, 그룹화, 데이터 형식 변경, 첫행을 머리글, 값 바꾸기]로 구성되어 있다.

**🔍 시각화 문제** 필드 [주소]의 첫째 빈 공간까지만 데이터로 저장하시오.

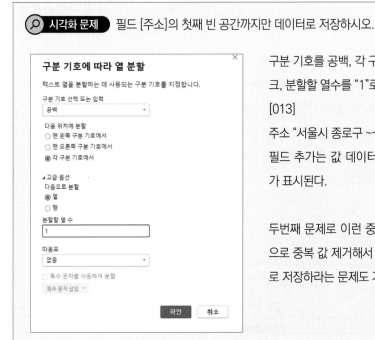

구분 기호를 공백, 각 구분기호에서 열 체크, 분할할 열수를 "1"로 하면,

[013]

주소 "서울시 종로구 ~~~~~"에서

필드 추가는 값 데이터가 "서울시"만 추가 표시된다.

두번째 문제로 이런 중복된 데이터 기준으로 중복 값 제거해서 특정 테이블/필드로 저장하라는 문제도 가능하다.

• 데이터 형식

필드를 선택하고 [데이터 형식]에는 다양한 형식으로 변환이 가능하다.

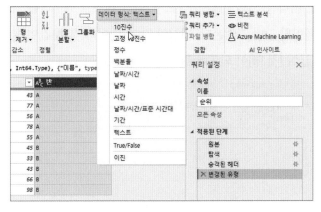

필드 [반]을 선택하고, 텍스트 형식을 클릭하면 "10진수부터 ~ 이진"까지 다양하게 변환할 수가 있다.

> **팁**
> 파워 쿼리의 속성 [적용된 단계]는 유용한 도구이며, 시각화 문제에서 필드 속성 변경의 [데이터 형식] 변경 문제는 기본이다.
> 필드 [점수]를 우클릭하면, [복사]부터 [새 쿼리로 추가]까지 기능이 있다. 이런 다양한 기능을 학습할 수 있지만, 먼저 선택된 필드 [점수]의 리본 메뉴의 상황 탭의 중심으로 학습한다.

• 첫 행을 머리글로 사용

텍스트/엑셀 자료를 가져올 때, 머리글/열의 이름이 있으며, 만약 텍스트 데이터를 가져오기 할 때는 [필드명] 없이 데이터 값만 가져온다. 예시와 같이, 데이터 첫 행 값이 열 머리글을 해지한 후에, 열 머리글이 [첫 행]이 되도록 필드명을 변경한다.

> 🔍 **시각화 문제** 첫 행을 필드 제목 지정 문제가 나올 가능성도 높다.

• 값 바꾸기
필드 [반]을 선택하고, "A"값을 "A반"으로 변경하는 예제는 다음과 같다.

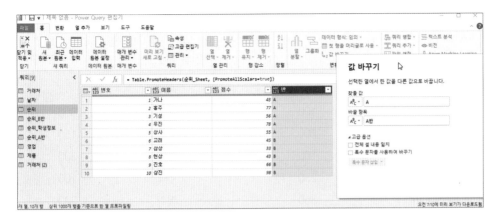

값 바꾸기 [고급 옵션]에서 전체 셀 내용 일치 및 특수문자 사용까지 값을 변경한다.

### 5 [결합] 그룹

[쿼리 병합], [쿼리 추가]로 구성되어 있다

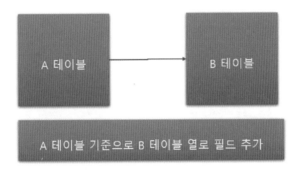

동일한 필드 조건하에 테이블 〈순위_A반〉과 〈순위_B반〉을 하나의 쿼리로 열로 통합한다. 즉, [쿼리 병합]은 [열] 기준으로 필드를 추가해서 데이터 처리 방법이고, [쿼리 추가]는 행 기준으로 데이터를 하나로 통합하는 방법이다.

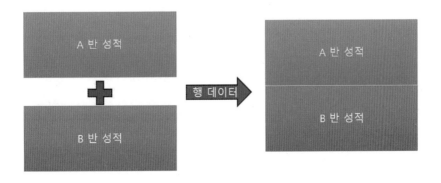

• [쿼리 병합]은 [쿼리병합]과 [쿼리를 새로운 테이블 저장] 2개로 구분된다.

테이블 A는

| 제품 | 판매A |
|------|------|
| 오이 | 100 |
| 호박 | 200 |
| 땅콩 | 100 |
| 수박 | 230 |
| 딸기 | 350 |

테이블 B는

| 제품 | 판매B |
|------|------|
| 오이 | 500 |
| 호박 | 150 |
| 땅콩 | 300 |
| 수박 | 100 |
| 딸기 | 200 |

**[1단계]** 테이블 [B]를 확장 및 필드 [판매B]를 선택하고,

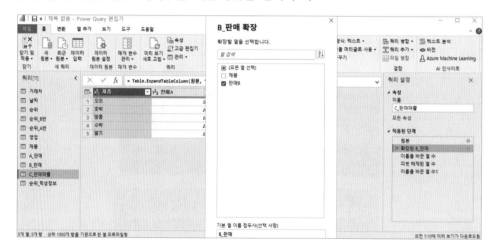

**[2단계]** 각 매출 필드 〈매출A〉/〈매출B〉를 이름 변경하는 시각화 문제가 가능하고, 열 [A], [B] 필드 2개를 모두 마우스로 선택한 후에 우측 크릭 혹은 [상황] 탭에서 [열 피벗 해제]를 클릭하면, 각 [열](가로)로 있던 필드의 값이 행의 데이터로 변환된다.

열의 필드 데이터가 행의 데이터로 변경된 것을 확인할 수가 있다.

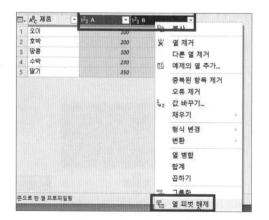

• 쿼리 추가란?

2개의 테이블을 하나의 행의 데이터로 통합한다. 테이블 〈A_판매〉/〈B_판매〉의 필드가 모두 동일한 구조라면, [쿼리 추가]를 이용해서 하나의 행 데이터로 통합한다.

다음과 같이 2개 테이블의 데이터가 행으로 저장된다

| | $A^B_C$ 제품 | $1^2_3$ 판매A | $1^2_3$ 판매B |
|---|---|---|---|
| 1 | 오이 | 100 | null |
| 2 | 호박 | 200 | null |
| 3 | 땅콩 | 100 | null |
| 4 | 수박 | 230 | null |
| 5 | 딸기 | 350 | null |
| 6 | 오이 | null | 500 |
| 7 | 호박 | null | 150 |
| 8 | 땅콩 | null | 300 |
| 9 | 수박 | null | 100 |
| 10 | 딸기 | null | 200 |

이제 null 값을 제외하고, 판매A, 판매B를 행의 데이터로 만들어야 한다.

[필드] 이름도 A, B로 변경한다.

제품 그룹 기준으로 필드 [A], [B]를 다중 선택한 후에 메뉴 [열 피벗 해지]를 결과를 보여준다.

| | $A^B_C$ 제품 | $A^B_C$ 특성 | $1^2_3$ 값 |
|---|---|---|---|
| 1 | 오이 | 판매A | 100 |
| 2 | 호박 | 판매A | 200 |
| 3 | 땅콩 | 판매A | 100 |
| 4 | 수박 | 판매A | 230 |
| 5 | 딸기 | 판매A | 350 |
| 6 | 오이 | 판매B | 500 |
| 7 | 호박 | 판매B | 150 |
| 8 | 땅콩 | 판매B | 300 |
| 9 | 수박 | 판매B | 100 |
| 10 | 딸기 | 판매B | 200 |

만약에 테이블 〈성적〉에서, [이름]/[점수] 필드를 보면 값 속성 [숫자/문자]인지 정확하게 지정되어야 계산된다.

| | ABC 123 이름 | ABC 123 점수 |
|---|---|---|
| 1 | 가나 | 43 |
| 2 | 홍주 | 77 |
| 3 | 기성 | 56 |
| 4 | 우진 | 78 |
| 5 | 상사 | 55 |
| 6 | 고려 | 45 |
| 7 | 삼상 | 33 |
| 8 | 현상 | 43 |
| 9 | 진호 | 66 |
| 10 | 상진 | 98 |

🔍 **시각화 문제**    [파워 쿼리]에서는 [데이터 가져오기] 이후에, 각 필드 속성 값 형식 변환 문제는 기본적으로 출제가 된다.

### 6 [변환]-[표] 그룹

- 행/열 바꿈: 행과 열이 바꿈 변환
- 역방향 열 바꿈은 행의 레코드 순서가 위/아래로 변환
- 행 카운트: 행의 개수를 숫자로 보여주고
- 이름 바꾸기: 선택 테이블/필드를 변경
- 채우기: 필드 [구분]을 선택하고 '채우기-아래로'를 선택하면 윗 레코드 기준으로 채워진다.

| 제품 | 구분 | 판매가 | 원가 |
|---|---|---|---|
| 오이 | 소 | 100 | 70 |
| 호박 | | 200 | 160 |
| 땅콩 | 중 | 100 | 80 |
| 수박 | | 230 | 200 |
| 딸기 | | 350 | 300 |

이와 같은 데이터 [구분] 필드가 비어 있는 것은 아래로 채워진다.

| 제품 | 구분 | 판매가 | 원가 |
|------|------|--------|------|
| 오이 | 소 | 100 | 70 |
| 호박 | 소 | 200 | 160 |
| 땅콩 | 중 | 100 | 80 |
| 수박 | 중 | 230 | 200 |
| 딸기 | 중 | 350 | 300 |

위와 같이 [필드] 값이 채워진다.

• 피벗 열: 선택된 [필드]를 열 [필드]로 변환한다.

기존 데이터를 필드 [이름]을 선택한다.

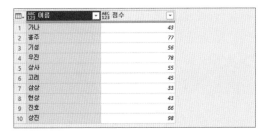

[피벗 열]을 클릭하면 값을 필드 [점수]로 선택하면, 선택된 필드 기준 피벗 행렬로 변환된다.

여러 열 필드를 선택한 후에 [열 피벗 해제]를 클릭하면, 행 데이터로 변환된다.

여기서도 주의할 것은, 행렬 데이터 변환으로 [필드] 값의 속성이 문자/숫자인지가 명확하다는 점이다. 따라서 필드 속성을 맞추어서 수정한다.

**시각화 문제** 모의 테스트 문제인 A형/B형에도 [열 피벗 해제]가 출제되었다.

변환-텍스트 그룹의 [서식/추출]은 선택된 필드 기준으로 서식을 변경한다.
지역이 대문자 'A'를 소문자 'a'로 , 대문자 'B'를 소문자 'b'로 변경할 수 있다.

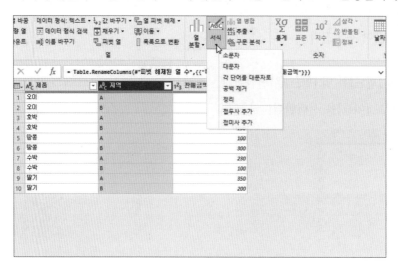

즉 '소문자부터 접미사 추가'까지 다양한 텍스트 편집 기능을 제공한다.

> 이외에 통계 및 추출, M코드, 파이선 및 JSON 소스, R통계, 파이선 및 HTML 연결하여 시각화
> 차트를 지원하지만 시각화 출제 범위를 벗어나서 생략한다.

**7 [열 추가]-[일반]**

[일반] 그룹에서 주요 [사용자 지정 열], [조건 열], [인덱스 열], [열 복제] 등이 있으며, 테이블 〈영업〉에 〈제품〉의 필드 [단가]를 추가하도록 [쿼리 병합]을 이용해서 만들 수도 있다.

• [일반]-[사용자 지정 열]을 통해서 필드 [판매금액], [원가금액], 수익: [판매금액]-[원가금액] 작성한다.

[사용자 지정 열]을 이용해서 테이블 〈영업〉데이터를 계산 필드 [수익]이 추가된다.

여기서도 중요한 것은, 필드 [수익] 값 속성을 보면, [문자/숫자]로 되어 있어서 정확한

'숫자' 타입으로 변환이 되어야 [요약 합계]로 계산된다.

• [일반]-[조건 열]을 통해서 데이터의 그룹을 만들 수가 있다.

테이블 〈영업〉의 필드 [거래처]에서

기업 '가나'는 "우수",

기업 '삼상'은 "상위",

기업 나머지는 "기타" 로 지정해서 데이터 필드를 추가한다.

필드 [거래처]를 선택하고 [조건 열] 클릭, 다음과 같이 설정한다.

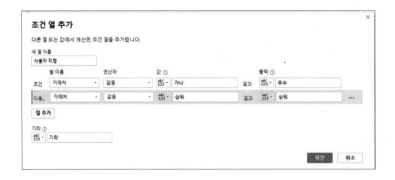

필드 [평가]에 그룹별로 작성된 [거래처] 그룹인 필드 [평가]가 추가되었다.

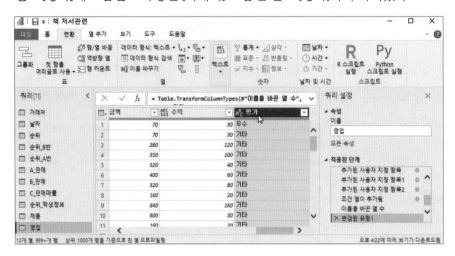

• [인덱스 열]은 데이터 레코드에 번호를 입력한다.

'0값부터 시작, 1부터, 혹은 사용자 지정'해서 번호를 입력할 수 있다

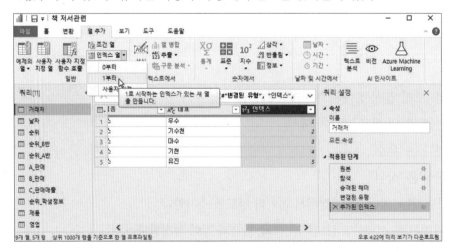

> 🔍 **시각화 문제**  인덱스 열의 [사용자 지정]은 시작 인덱스 번호 지정 및 증분(1, 3, 5)로 올라간다면 '2' 값을 입력하며, 시작 번호 및 증분을 지정한다.

• [열 복제]는 테이블 〈거래처〉의 필드 [주소]를 이용해서 첫째 공간까지 그룹으로 새롭게 만들고자 한다. 이때, [열 복제] 기능으로 신규 [필드]로 만들어서 필드 열의 공간 삭제로 해결한다.

> 🔍 **시각화 문제**  필드 열 처리 문제는 기본적으로 출제가 된다.

# Power BI 메뉴

Power BI는 경영정보화 시각화(약칭 '시각화')에 적합한 솔루션이다.

경영정보 시각화는 누가 사용할까?

실무 업무의 이해도가 높은 유저가 Power BI로 시각화 차트를 사용한다.

## 1 리본 기본 [홈] 메뉴

리본 메뉴는 [파일], [홈], [삽입], [모델링], [보기], [최적화], [도움말]로 구성되어 있다.

중간에는 좌측 [보고서], [데이터], [모델] 및 최근 DAX 함수,

중간에는 시각화 뷰어 화면

우측에는 선택에 따라서 [필터], [시각화], [필드] 패널로 되어있다.

아래에는 대시보드 [페이지]를 추가/삭제할 수가 있다.


먼저 리본 메뉴부터 단계별 학습한다.

**1** [홈]–[데이터] 그룹

>  **시각화 문제**   엑셀 데이터 가져오기 및 새로 고침은 기본이다.

**2** [홈]-[삽입] 그룹에서 [텍스트 상자]

텍스트 상자 서식 지정을 보면, 크기(높이 및 너비) 그리고 위치, 여백, 제목 머리글 텍스트 입력 설정을 할 수 있으며, 글꼴, 색상, 배경색 가로 맞춤, 부제목 설정, 구분선, 배경 색상, 투명도, 시각적 테두리 색상, 둥근 모서리(PX), 그림자 설정 등이 있다.

🔍 **시각화 문제** 모의 테스트에서 텍스트 입력, 글꼴 및 사이즈/위치 등이 출제되었다.

**❸ [홈]-[계산] 그룹**

[새 측정값]은 뒤에 DAX 함수 설명하지만, [빠른 측정값]은 마법사의 기능처럼 필드를 선택/추가해서 DAX 함수를 작성한다(모의 테스트에서는 출제되지 않았지만, 향후 출제 가능성이 높다).

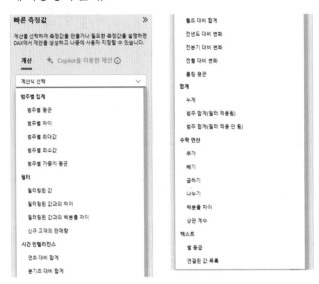

**❹ [삽입]-[페이지] 그룹**

시각화 개체의 [페이지]를 추가/삭제한다. 각 시각적 개체 삽입된 페이지에 '복제, 이름 바꾸기, 삭제, 숨기기 및 이동' 할 수 있다.

**5** [삽입]-[시각적 개체] 그룹

각 페이지 마다 [새 시각적 개체]를 만들어서 추가할 수 있다. 기본적으로 시각적 개체 30여 종류가 제공되고 있으며, [⋯]은 앱 다운로드 방식으로 시각화 개체를 제공한다.

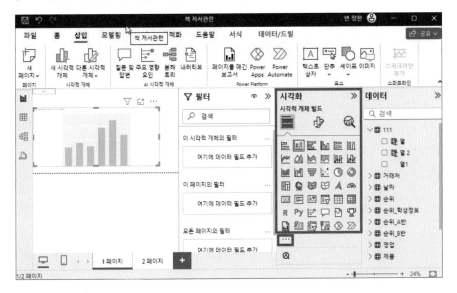

기본 시각적 개체 이외, 별도 APP 소스 및 파일 작성 부문은 경영정보 시각화 출제 문제 범위를 벗어나 생략한다.

**6** [삽입]-[AI시각적 개체/[POWER PLATFORM] 그룹의 설명은 생략한다.

AI 시각적 개체는 Power BI의 핵심이지만, 시각화 출제 범위에서 벗어나 생략한다.
나중 대비해서 개별적 학습을 한다.

## ⑦ [삽입]-[요소] 그룹

요소 부문은 [텍스트, 단추, 세이프, 이미지]로 구성되어 있다.

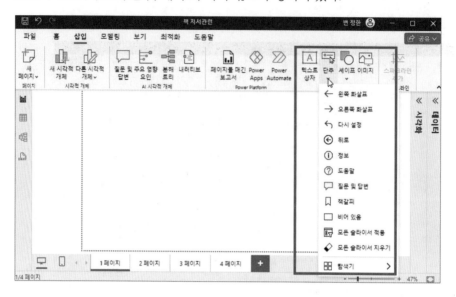

• 버튼 [단추]에 대해서 소개한다.

[왼쪽 화살표]부터 [탐색기]까지 다양한 버튼이 있다.

즉, [이동] 시각화 개체 버튼을 클릭하면 화면 및 특정 시각화 개체로 이동한다.

첫 번째 [화살표] 버튼을 추가한다.

[화살표] 디자인 모드 상태에서 보면, 우측에 서식 단추 관련 창에 [버튼/일반]이라 창으로 보여진다. [Button] 창에는 버튼 서식을 변경하며, [서식] 창 설정의 오른쪽 "⋯"을 클릭하면 서식 단추의 [모든 설정부터 ~ 추가옵션]까지 다양한 기능을 제공한다.

서식은 4가지로 구분된다.

[도형-상태]에는,

- [설정 적용 대상]-[상태]를 '누를 때'를 선택하면, 다양한 도형인 화살표부터 20여 도형을 선택할 수 있다. 둥근 모서리 설정 및 경사 %까지 설정한다.
- 서식 [회전]에는 모두/도형/텍스트 별로 기울기 각도가 회전한다.
- 스타일에는 상태를 선택하고, 텍스트 입력한 값이 보이도록 및 글꼴/색상/맞춤/여백 등을 설정한다.
- 서식 [작업]은 어떤 행동을 할 것인가? 즉 뒤로 화살표를 선택해도, 유형에서 '앞으로'를 선택하면 버튼 클릭하면 '앞으로' 이동한다.

> 🔍 **시각화 문제** '책갈피'는 해당 페이지로 이동한다. 즉 화살표 버튼 모양일 뿐, 내부적으로 다양한 버튼 이동 기능을 갖고 있으며, 편집/실행 방향으로 학습한다.

• [서식 단추]- [일반] 창

서식 [일반]은 버튼 [단추]뿐 아니라 모든 시각적 개체의 공통 서식이다.

일반 창에는 속성/제목/효과/머리글 아이콘/대체 텍스트로 구성되어 있다.
  - 속성에는 사이즈 크기/위치/여백/고급 옵션 등
  - 제목에는 텍스트/글꼴/색상/배경색/맞춤 등, 부제목도 제목과 동일
  - 배경에는 색/투명도/테두리 색상 및 모서리/너비, 그리고 그림자 색상 및 오프셋/
    위치 배치 등
  - 머리글 아이콘에는 배경/테두리/투명도/아이콘의 다양한 알람 등이 있다.


• [책갈피]

책갈피 기능은 원하는 위치의 페이지/개체를 찾아서 이동한다.

먼저 책갈피를 각 페이지마다 추가하는 것을 학습하도록 한다.

- 메뉴 [보기]-[창 표시]에서 [책갈피]를 선택하면 보고서 오른쪽에 창이 생긴다.
- 각 페이지에 책갈피를 추가하는 방식은, 각 페이지 예로 1페이지로 이동해서, 책갈
  피 창의 추가 버튼을 클릭하면, 해당 페이지로 이동하는 책갈피가 만들어진다. 각 페
  이지 이동해서 책갈피를 작성한다.

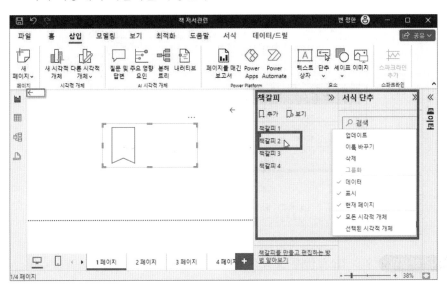

페이지마다 4개의 각 책갈피를 추가, 각 책갈피별 오른쪽 속성 "…" 클릭하면, [업데이
트/이름 바꾸기/삭제]부터 [선택된 시각적 개체]까지 설정한다.

각 페이지 기준으로 만들어 놓은 책갈피 버튼을 전체 만들어 주는 [전체]가 있다.

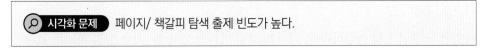

**시각화 문제** 페이지/ 책갈피 탐색 출제 빈도가 높다.

세부 기능은 다음과 같다.

[서식 탐색기]의 [책갈피] 시각적 개체를 보면([도형 및 회전/스타일] 설명은 생략), [그라이드 레이아웃]서 3가지 유형으로 [행/열] 변경 시각화 버튼을 만들 수 있다.

> 🔍 **시각화 문제** 열의 리스트 [버튼]을 행의 리스트 버튼으로 전환 문제 빈도가 높다.

상황 탭 [고급 옵션]에서 [레이어 순서 유지]를 체크하면 시각적 개체 위/아래 배치를 설정할 수 있다.

• [요소]-[세이프]

다양한 도형 개체와 동일하지만, 레이블 그림 마커만 있을 뿐, 기능 설정 차이는 없다.
[도형-일반]도 [단추] 기능과 같다.

> 🔍 **시각화 문제** 단추 혹은 세이프로 문제 출제 빈도가 높다.

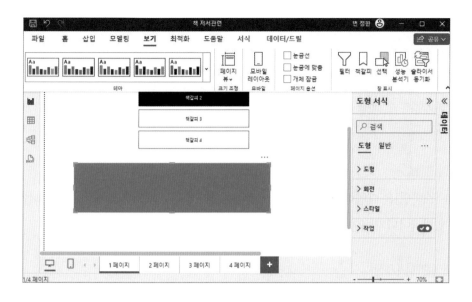

• [요소]-[이미지]

[요소]-[이미지] 개체를 선택하면, 이미지 선택 창에서 이미지 파일을 선택해서 선택된 페이지에 이미지 파일을 [그림] 개체로 추가한다.

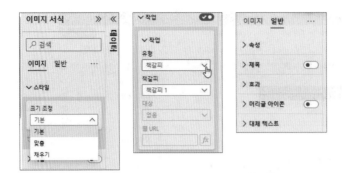

[이미지]-[스타일]은 다양한 종류의 크기 조정하며, [이미지]-[작업]은 다양한 유형을 선택할 수 있다. [이미지]-[일반]은 생략한다.

**8 [모델]-[관계]/[계산]**

관계는 앞에서 소개하였으며, 계산은 DAX 함수로 설명한다.

[보안], [질문 및 답변 그룹]은 [앱 게시]와 관련된 내용 및 [질의 문제 해결 방법]을 제공하나 시각화 문제에 벗어나서 생략한다.

>  **팁** [보안]의 역할 관리 및 표시 방법은 Power BI [앱]으로 [게시]된 [데이터 권한 설정] 부문은 중요하다.

**9 [보기]-[테마]**

각 페이지를 어떻게 디자인할 것인가? 특히 시각화 문제 출제 빈도가 높다.

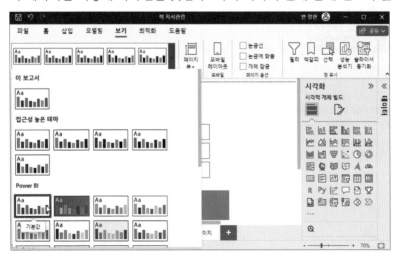

각 페이지마다 다르게 다양한 테마를 사용할 수가 있으며, 보고서 페이지의 디자인을 테마로 사용한다면 쉽게 시각화 할 수 있다.

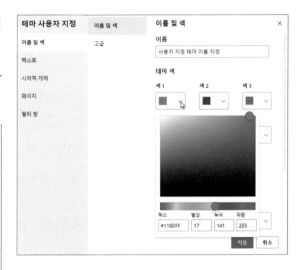

🔍 **시각화 문제** 특히 [테마] 그룹의 [테마 사용자 지정]에서 좌측 탭 창에는 이름 및 색상부터 필터 창의 테마 변경을 하는데, 이름 및 색상의 테마 [색 1]의 헥사 값을 #1200FA로 변경까지 모의 테스트로 출제가 되었다.

### 🔟 [보기]-[크기조정]/[모바일]

페이지 뷰에는 '페이지 맞추기, 너비에 맞추기, 실제 맞추기' 기능이 있다.

🔍 **시각화 문제** [페이지 사이즈]를 [페이지]마다 다르게 만들 수가 있다. 페이지 [모바일]은 페이지별 시각적 개체를 모바일 레이아웃 기능. 자격증 범위에는 없어서 생략한다.

**⓫ [보기]-[페이지 옵션]**

눈금선 및 눈금에 맞춤, 개체 잠금의 기능이 있다.

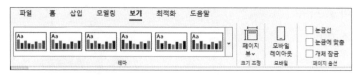

페이지 레이아웃 [눈금선] 시각화 작업이 유용하며, [눈금에 맞춤]은 선택된 시각화 개체가 [마우스] 드래그 기준으로 선에 자동 맞춤이 된다.

> 🔍 **시각화 문제**  페이지 눈금선 추가 문제가 나올 가능성이 있다.

**⓬ [시각화 개체]-[상황 탭]**

[페이지/테이블/관계]든 간에 시각적 개체 선택된 상태에서 상황에 맞추어 관련된 메뉴만 사용하는 것이 상황 탭이다.

> 👉 **팁**  시각화 개체의 상황 탭 메뉴 위주로 학습하면, 문제 해결 능력이 높아진다.

예로 화살표 버튼을 디자인 모드로 선택한다면, 상황 탭 메뉴가 [서식, 데이터/드릴]과 같이 2개로 구성되어 보여진다.

[서식] 상황 탭 메뉴는 [상호 편집부터, 정렬 맞춤]의 다양한 기능이 있고, 데[이터/드릴] 메뉴는 [표시부터 데이터 그룹]까지 기능을 보여준다.

> 👉 **팁**  [화살표] 버튼을 선택하면, 메뉴 상황 탭에서 '사용'이 가능한 기능 위주로만 학습을 한다.

## ⓫ [페이지]

개체를 선택하지 않은 상태에서 시각화 창에서 [서식]-[서식 페이지] 창을 클릭한다.

[서식] 창에는 [페이지 정보]부터 [필터 카드]까지 다양한 기능이 있다.

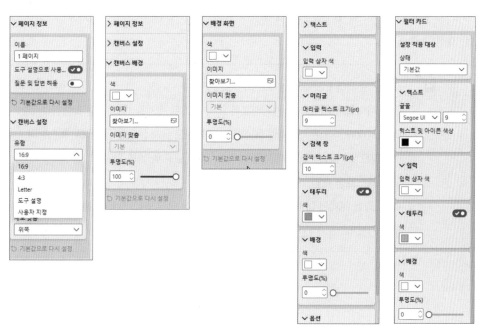

각 페이지의 레이아웃 서식을 지정한다.

• 페이지 정보는 페이지 이름 및 도구 설명 사용 등

• [캔버스 설정]은 다양한 유형 사이즈를 제공한다.

> **🔍 시각화 문제** [도구 설명서]에 [필드]를 추가하면, 보고서 시각화 개체를 선택하면, 다른 페이지의 정보를 팝업으로 불러온다. 현재는 출제되지 않았지만, 별도 학습을 권한다.

• [캔버스 배경]은 페이지의 레이아웃 배경을 개체와 상관없이 배경 사진을 추가할 수 있으며, 색상 값을 변경, 투명도를 지정할 수 있다.

> **🔍 시각화 문제** 이미지 [페이지 배경] 문제가 출제되면, 캔버스 배경 색상 RGB 값 설정 문제가 나왔다. 캔버스는 맨 뒤쪽 이미지를 추가하는 것이고, 캔버스 위에 배경 화면 이미지가 추가된다. [캔버스 배경] 혹은 [페이지 배경]의 색상 값 지정 문제가 출제될 빈도는 높다

• [필터 카드] 창은 예제 중심으로 반복 소개하겠지만, 시각화 데이터 필터가 되도록 지정한다. 텍스트 글꼴 및 입력 /머리글 등 사이즈 지정, 테두리, 배경 색상 및 투명도 등을 지정할 수 있다.

> **👉 팁** 시각화 문제의 빈도수가 높다고 외울 것인가?
> 먼저 시각화 문제 풀이에 능숙하도록 모의 테스트 문제를 반복 훈련 학습한다. 그리고 시각화 공개 문제의 패턴을 정확히 분석하고 유사 문제를 만들어서 학습한다. 마지막으로 Power BI의 특성 및 시각화 개체 [도구 위치]를 파악한다.
> 모의 테스트를 보면, 빠른 해결을 요구하는데, 주어진 시간 내에 문제 풀이가 어렵다. 시각화 개체의 이해와 서식 위치를 정확하게 알고 있다면, 문제 풀이 시간을 줄일 수가 있다.

[파워 쿼리]에서 데이터를 가져오면 기본적으로 [데이터]에 보여준다.

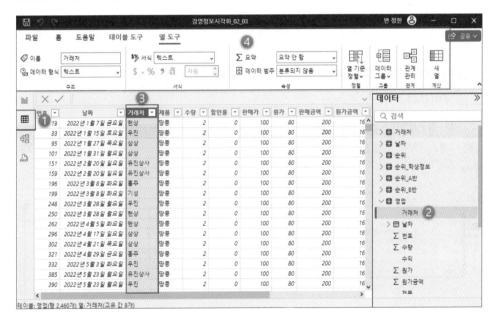

**1** 시각화 그룹에서 [데이터]를 선택하고

**2** 데이터 그룹에서 〈영업〉-[거래처]를 선택하면 메인 창에 테이블 〈영업〉 정보를 보여 주며,

**3** 필드 [거래처]를 선택하면 리본 메뉴 상황 탭에서 필드 [거래처] 정보를 보여주며,

**4** 필드 [거래처]와 관련된 상황 탭은 [테이블 도구], [열 도구]로 구분된다.

여기서 [데이터]에서 학습할 내용은

① [파워 쿼리]에서 로드된 데이터가 정확한가?

② [로드]된 데이터의 필드의 속성이 잘 정리되어 있는지?

③ 마지막으로 각 개체 테이블 속성이 맞는지를 확인한다.

---

🔍 **시각화 문제**

• [파워 쿼리]에서 테이블 [로드] 체크를 중지하면, 데이터에서 안보이도록 하는 방법

• [데이터]에서 선택 [테이블 삭제 및 시각화 보고서]에서 보이지 않도록 설정 등

• 각 필드별로 데이터 변환을 통해서 [테스트 ↔ 숫자] 형식 전환 문제

• 다양한 날짜 서식 타입 변경 문제의 출제 빈도가 높다.

---

파워 쿼리에서 [로드]된 데이터만 Power BI 우측 [데이터] 창에 〈테이블〉-[필드] 형식으로 보여준다.

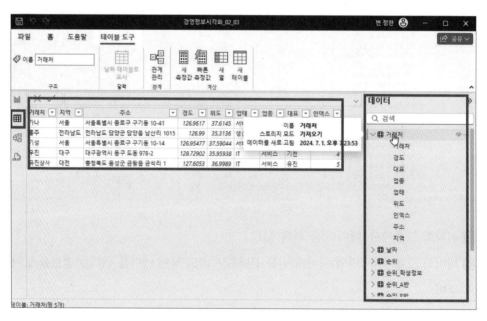

테이블 〈거래처〉의 필드 〈거래처〉를 선택하면 데이터시트 형식으로 데이터를 보여준다. 〈거래처〉 필드명은 콤보 형식으로 보여준다. 특히 테이블 〈거래처〉와 관련된 상황 탭은 [테이블 도구]에는,

**1** [구조] 그룹에는 테이블 이름 변경

**2** [달력] 그룹은 사용 중지 등으로 보여지며

**3** [관계] 그룹은 아래처럼 테이블간 관계 설정을 편집할 수 있다.

파워 쿼리에서 로드된 테이블 간에 [관계 설정] 리스트를 보여주며, 추가 및 변경할 수 있다.

**4** [계산] 그룹은 [새 측정값]부터 [새 테이블 작성]까지 구성되어 있다.

• Power BI는 DAX 함수로 구성되어 있는데 MS SQL 데이터베이스 함수와 유사하다. DAX 함수를 작성하는 것이 [새 측정값]이며, 나중에 예시 중심으로 설명한다. 특히 [보고서] 및 [관계]까지 모든 메뉴에 DAX 함수를 작성할 수가 있으며, [빠른 측정값]의 기능은 일반적으로 사용되는 DAX 마법사 함수를 제공한다.

• 테이블 〈거래처〉(혹은 우측 "…")를 선택하고 오른쪽 마우스 클릭한다.

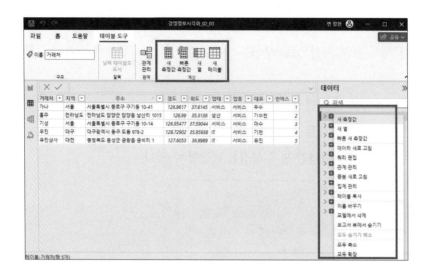

메뉴에서 소개한 [새 측정 값 및 새 열] 등 뿐만 아니라, [모두 확장]까지 보여준다.

- 새 열은 DAX 함수를 이용해서 새로운 열을 추가해서 함수를 만들 때,
- [쿼리 편집]을 클릭하면 선택된 테이블 〈거래처〉을 [파워 쿼리]로 이동 편집한다.
- [모델에서 삭제]는 [파워 쿼리]의 선택된 테이블까지 삭제되며, [보고서 뷰에서 숨기기]는 [테이블/필드]가 [보고서]에서 안 보이게 한다.

> 🔍 **시각화 문제**   DAX 함수는 기본인 [새 측정값], 그리고 모델에서 삭제, 보고서 뷰에서 숨기기 등이 출제 빈도가 높다.

• 테이블 〈거래처〉-[주소]를 마우스 오른쪽 클릭한다.

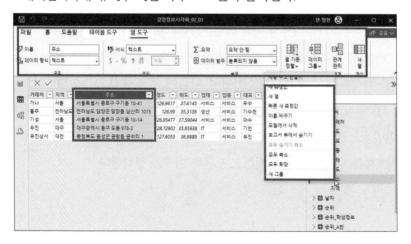

메뉴 [상황 탭]에서 선택된 필드 기준으로 [테이블 도구]는 테이블/필드 이름이 보여지며, 상황 탭 [열 도구]는 〈주소〉 필드의

[구조] 그룹에는 이름/데이터 형식을 변환,

[서식] 그룹에는 서식을 텍스트 및 숫자 타입 등으로 변경,

[속성] 그룹에는 숫자 타입이 계산되는지? 등 요약/범주 설정한다.

기본적으로 [파워 쿼리]에서 [필드] 속성이 종속지만, 테이블 창에서 필드 속성 값이 맞는지 확인하고 [상황] 탭의 [열 그룹]에서 설정한다.

**(🔍 시각화 문제)** 특정 〈필드 명〉 선택하고 오름차순/내림차순 정렬 문제가 가능하며, [데이터]에서 텍스트 [필터링/필터체크 해지]해서 [보고서]에서 [필터]의 선택된 [값]만 보이도록 한다. 즉 필드 〈거래처〉 중에 "가나"만 필터가 되도록 문제 출제될 수 있다.

테이블 〈영업〉을 보면, 필드명 앞에 (시그마/달력) 아이콘 등이 보여지는데, 이것을 보고 [숫자/문자/달력] 각 필드 속성 타입을 확인할 수가 있다.

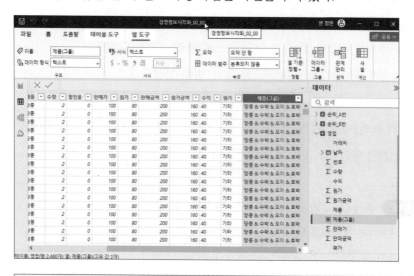

🔍 **시각화 문제** 필드의 숫자 정수에서 10진수로 변경 문제, 상황 탭 [열 도구] 메뉴를 활용한다.

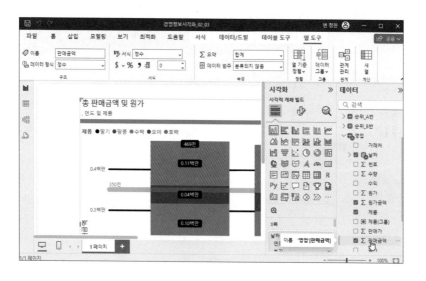

☞ **팁** [테이블/필드]의 상황 탭 위주로 학습한다.

# 4 관계

Power BI(MS Power BI)는 데이터를 수천만 개의 행을 계산해서 보여주는 피벗 쿼리 기반의 빅데이터 시각화 분석 테이블(pivot table)로 데이터를 요약 계산할 수가 있다. 특히, 데이터베이스 관계형 도구를 [피벗 쿼리] 부문에 추가해서 사용할 수 있도록 발전하였다.

시각화 차트는 엑셀로 귀결되는 듯하였지만, 2016년에 MS가 별도로 Power BI라는 새로운 영역의 시각화 프로그램을 출시하였다. 이에 따라 대용량 데이터를 분석할 때 파워 피벗/쿼리에서 조인된 테이블은 보고서를 사용할 수 있다.

Power BI를 이용한 빅데이터 시각화 분석과 달리 엑셀은 몇가지 단점이 있다. PC 사양(Windows, 32bit 혹은 64bit 문제) 등도 문제지만, 엑셀 데이터 시각화에 대한 문제만 다뤄보고자 한다. 엑셀에는 서버 데이터베이스와 같이 중앙에서 처리해 주는 엔진이 없기 때문에 대용량 데이터베이스 처리를 할 수가 없다. 2016년에 마이크로소프트 사는 빅데이터 대용량 데이터베이스를 처리할 수 있는 MS Power BI를 만들었다.

Power BI는 엑셀의 차트와 피벗의 한계를 벗어나서 웹 서비스 상에서 데이터의 상호 작용이 가능한 빅데이터 분석용 시각화 도구라 할 수가 있다. 데이터베이스처럼 관계형 설정이 되어야 대용량 데이터 처리가 가능한데 엑셀 데이터 처리는 한계가 있다. 그래서 Power BI 데이터 관계형 중심인 빅데이터 분석용으로 발전하였다.

시각화 학습을 위해서 데이터는 엑셀에서 가져와서 처리하지만, 관계 설정은 데이터베이스 기준으로 학습한다.

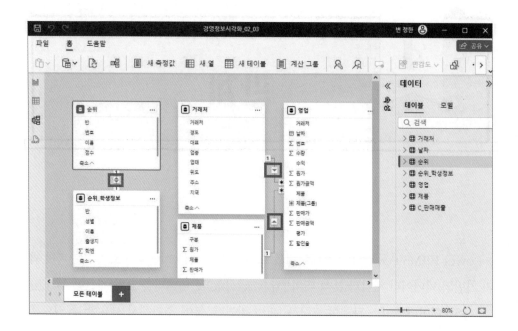

[관계]창에서 테이블 [거래처]-[영업]간에는 연결된 선 중앙에 양삼각형(◆)을 클릭
하면,

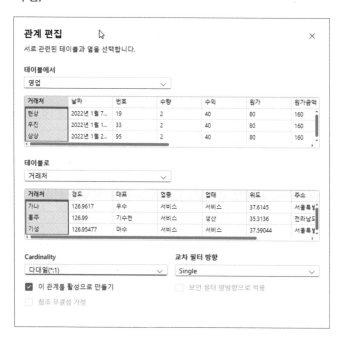

〈영업〉-〈거래처〉 테이블의 양쪽 [거래처] 필드 기준으로 상단 테이블 기준으로 "다대일"로 연결, 및 교차 필터 방향이 "단일"로 설정되어 있다. 이런 관계 설정을 이해를 해야 한다.

엑셀 자료를 [파워 쿼리]로 가져와서 다시 [Power BI]로 [관계 편집]하는 단계로 각 연결되는 필드명이 다르다면, 찾아서 필드간 연결을 한다. 지금은 위 아래간에 색상 〈거래처〉 동일한 필드로 블럭 선택으로 연결하지만, 만약 필드 이름이 다르다면, 각 연결 필드를 선택 변경을 해준다.

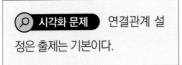 **시각화 문제** 테이블 간 [필드] 이름을 다르게 해서 관계 설정하는 문제의 출제빈도가 높다.

버튼 [+새 관계] 클릭하면,

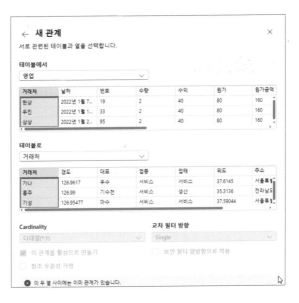

테이블 〈영업〉 기준으로 하위 테이블 〈거래처〉간에 연결되어 있기 때문에 관계가 숨겨져 있으며, 연결이 안되어 있다면, 관계를 "다대1"로 그리고 "단일"로 설정한다.

**시각화 문제** 연결관계 설정은 출제는 기본이다.

> **팁** 테이블 [관계] 학습을 위해서는 엑셀 [관계] 연결은 한계가 있으며, 데이터베이스 [관계 설정]을 별도 학습한다.

혹은 연결된 상태를 확인하고자 한다면, 관계 설정 중간의 연결선 중앙 세모( ◆ )를 클릭하면, 해당 개체의 연결 관계를 확인할 수 있다.

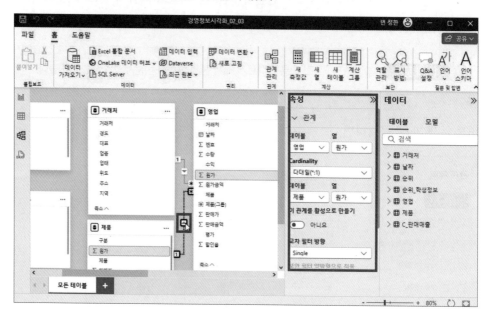

[속성] 창에서 [속성]의 관계 〈테이블〉 및 열의 [필드] 연결 등을 편집한다.

> **시각화 문제** 〈테이블〉 및 [필드] 관계 설정은 지속적으로 출제될 문제로, 다양한 업무의 테이블 및 필드를 만들고 연결함으로써 [관계 설정]을 마스터한다.

Power BI

Ⅲ

시각화
차트

# 시각화 차트

Power BI는 경영정보화 시각화(약칭 '시각화')에 적합한 솔루션이다.

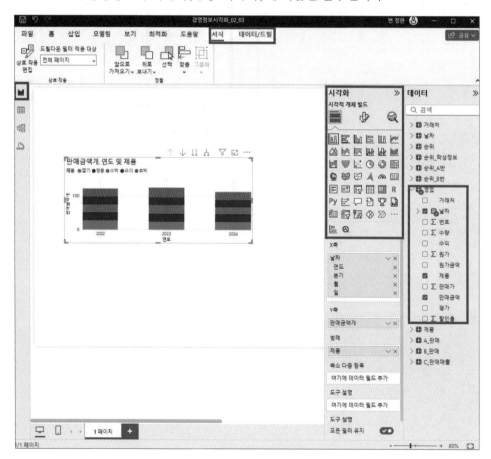

시각화 차트 화면을 [보고서]라고 하며, 다음 순서에 맞추어서 작성한다.

① [보고서] 우측 패널 [시각화] 개체를 하나 선택한다.

② 본문에 추가된 [시각화] 개체를 마우스로 선택한다.

③ 시각화 개체의 [필드]/[서식]/[분석] 값을 입력한다.

---

**시각화 개체 빌드**

기본 차트뿐 아니라, 버블, 지도 등 그리고 외부 시각화 차트를 작성할 수 있지만, 시각화 문제에 맞추어서 설명한다.

---

시각화 차트의 [필드], [서식], [분석] 옵션은 다음과 같다.

**1** 시각화 [필드]는 시각화 데이터를 선택 추가할 수 있으며, [축], [범례], [값], [도구설명]으로 구성, [드릴스루] 그룹은 [교차 보고서], [모든 필터 유지]을 해지하거나 선택할 수 있다.

**2** [서식]은 시각화의 디자인을 수정할 수가 있으며, 제목, 배경, 가로/세로 배율, 일반, 테두리, 도구설명, 시각적 머리글 등 디자인한다.

**3** [분석]은 데이터의 시각화 유형에 따라서 다양한 분석을 할 수가 있다. 즉 [필드]의 값을 분석하기 위해서 다양한 상수 등을 지정한다.

시각화 자격증에 맞추어서 학습을 진행한다.


앞에서 소개한 바와 같이

1. 좌측 [보고서], [데이터], [관계], [DAX]로 구성

2. 중간 시각화 개체를 입력하는 것은 페이지 혹은 보고서 본문/메인

3. 우측 [필터], [시각화], [테이블/필드]로 구성되어 있다.


시각화의 다양한 기능을 1회 학습만으로 마스터는 어렵지만, 시각화 자격증 위주로 학습한다. 다음과 같이 요약할 수 있다. 여기에 맞추어서 Power BI를 학습한다면, 단기간에 시각화 차트 학습 가능하다.

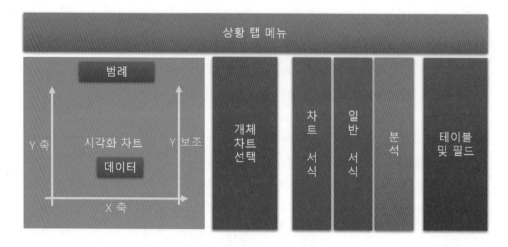

- [시각화 개체 빌드]에서 차트 선택하면, 좌측에 시각화 차트가 보고서 화면에 추가된다.
- 추가된 시각화 기본 차트는 X/Y축은 기본이며, Y보조축으로 구성되어 있다.
  - 데이터 날짜/숫자/문자 타입으로 구성되어 있으며, 데이터 계산은 숫자 타입으로 지정한다.

이외 다양한 시각화 개체인 게이지 및 슬라이서, 도넛 차트 등도 학습한다.

- 추가된 차트 기준으로 각 테이블 기준으로 필드를 [X/Y/데이터/범례]를 선택/추가한다.
- [보고서]에 추가된 차트 중심으로 서식을 학습한다. 그리고 서식은 [시각화 차트]와 공통으로 [일반] 서식으로 나눠진다.
- [분석]에는 차트의 종류에 따라서 다양한 추세선을 작성한다.
- [테이블 및 필드] 혹은 시각화 차트는 되도록 리본 메뉴의 [상황] 탭에서 학습한다.

앞에서 소개한 〈순위〉 및 〈영업〉 테이블 예제 중심으로 시각화를 학습해보자.

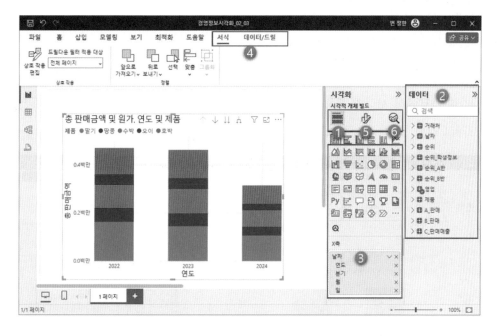

시각화는 다음과 같은 과정 단계로 학습한다.

**1** 시각화 개체를 선택/추가한다.

**2** 시각적 개체에 데이터를 선택/추가한다.

**3** 선택된 시각화 개체의 [상황] 탭 [서식, 데이터/서식]을 학습한다.

**4** 서식에는 [시각화]과 [일반] 서식으로 나눠서 학습한다.

**5** 시각적 차트 분석을 학습한다.


첫 번째, [누적 세로막대형] 차트 기준에서 전체 시각화 기능을 설명하며,

이후 시각화 차트에서는 중복된 차트 설명은 생략하며,

[누적 세로 막대형] 차트 기준으로 시각화 차트의 기본 학습을 진행한다.

## 시각적 개체 필드

시각화 차트에서 시각화 개체 [누적 세로막대형 차트]를 선택한 후에 [더블 클릭] 혹은
[드래그 앤 드롭] 방식으로 보고서 메인 창에 추가한다.

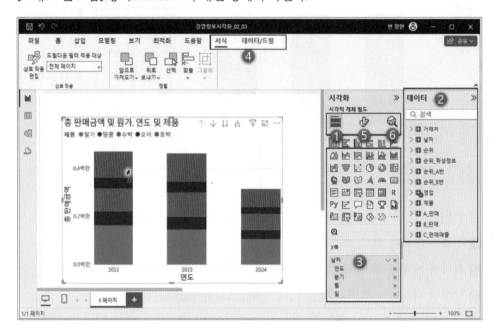

X축에는 〈영업〉 테이블의 [날짜]

Y축에는 〈영업〉 테이블의 [판매금액]

범례에는 〈영업〉 테이블의 [제품]을 선택/추가하였으며,

[상황] 탭 메뉴에는 [서식], [데이터/드릴] 그룹에서 시각화 개체를 편집한다.

### ✔ [필드] 설정

X축을 보면, 필드 [날짜]를 추가하였더니 아래 방향으로 [연도/분기/월/일]이 계단식으
로 자동 표시가 되며, 해당 데이터를 순차적으로 시각화 차트로 보여줄 수 있으며, 불필
요한 [분기, 일] 단계를 삭제해도 [날짜] 필드가 삭제되지는 않는다.

X축 [날짜] 필드를 오른쪽 마우스 클릭하면 [필드제거 ~ 날짜 계층]까지 표시가 된다.

[필드 제거]는 X축 필드를 삭제하는 것이며, [이동 대상]을 클릭하면 다른 대상 속성으로 이동한다. 날짜를 [날짜 계층]으로 설정해야 만이 "드릴스루" [연도/분기/월/일] 기능으로 설정되며, 하나의 시각화 차트에서 다양한 "드릴스루"로 선택된 형식에 맞추어서 차트가 변경된다.

테이블 [영업]의 [날짜] 필드를 선택하면 나타나는 리본 메뉴 [상황] 탭은 다음과 같다.

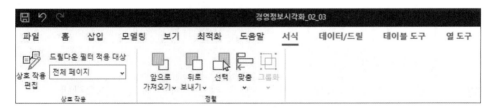

[서식] 상황 탭은, 상호 작용 그룹에서 상호 작용 편집의 시각화 출제 빈도가 높다.
[상호 작용 편집] 개념은 A 개체에서 특정 필드의 값을 선택하면, B, C, D 중에 서로 관련된 테이블이 있는데 여기서 시각화 차트 B, C만 연결하고, 시각화 차트/개체 D와는 연결되지 않게 하거나, D의 개체에서 특정 [필드/값]을 선택하면, A, B, C의 개체 중에 A, B 개체만 상호 작용하도록 **시각화 개체 간에 데이터를 조건부로 필터링하는 개념**이다.

[정렬] 그룹을 보면, [앞으로, 뒤로 가져오기, 선택, 맞춤]은 일반적인 오피스 제품의 동일한 기능으로 설명을 생략한다.

테이블 [영업]-[날짜]를 선택하고 메뉴 상황 탭 [데이터/드릴]-[표시]그룹에서 시각적 개체 테이블을 클릭하면, [드릴 동작] 그룹에는 '다음 수준으로 전환, 다음 수준 확장, 드릴 업, 드릴다운' [드릴스루/나가기]로 구성되어 있다.
[드릴 동작]은 하나의 차트에 선택된 계층 구조로 날짜인 경우처럼(년, 월, 일, 분기)와 같이 순차적으로 시각화 개체를 변경해주는 유용한 도구이다.

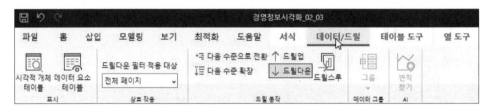

차트 우측 상단에 보면,

1️⃣ 화살표 ↓가 동그라미 검은색 색상이라면, 드릴스루 가동 유/무 "ON" 상태

2️⃣ 화살표 ↓↓로 되어 있다면, 계단식 다음 데이터를 보여 주고,

3️⃣ 삼지창 모양 ⚓ 아래 화살표면 드릴스루의 맨 아래 최종 데이터를 보여준다.

4️⃣ ↑은 처음 역순으로 데이터 필터링이 이동할 수 있다.

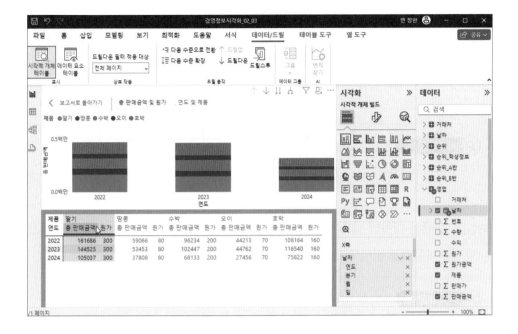

메뉴 [상황] 탭에서 중요한 [테이블 도구] 메뉴는 나중에 자세히 설명하도록 한다.

테이블 [영업]-[날짜] 필드를 선택하면, 메뉴 상황 탭에는 [구조, 서식, 속성, 정렬, 그룹, 관계, 계산] 등으로 구분되어 있다.

마우스로 테이블 [영업]-[날짜] 필드를 더블 클릭해서 직접 수정할 수도 있지만, [상황] 탭 메뉴에서 [이름]을 변경 및 데이터 [서식]을 변경하는 학습을 한다.

시각화 문제 [서식] 그룹에서 다양한 날짜 서식, 숫자 서식에 따른 콤마, 및 자릿수 등에 대한 출제 빈도가 높다.

[속성] 그룹에서 데이터 필드가 날짜라면 달력 아이콘을, 숫자는 시그마($\Sigma$) 마크, 텍스트 필드는 아무것도 없이 필드 이름만 보여준다.

시각화 문제 시각화 문제에서 필드 속성에서 데이터 계산 필드인지 아닌지를 확인한다.

테이블 〈영업〉-[날짜] 필드를 선택했을 때 '요약'이 선택되지 않으면 숫자 값이 아니라는 뜻이다. [요약 안함] 되어 있으면 데이터를 개수 이외 [합계, 평균]으로 계산할 수 없다. 테이블 간에 [날짜] 필드 형식이 달라서 다른 열을 정렬할 수 없게 된다. 많이 실수하는 부문이 필드의 속성을 잘못 지정하는 것이다.

상황 탭 [열도구]-[그룹]에서 [데이터 그룹]은 다양한 제품을 별도의 그룹화로 만들어서 데이터 차트를 날짜처럼 계단식 그룹별로 만드는 기능이다.

시각화 문제 향후 경영정보시각화 자격검정시험에 문자 계단식 그룹 문제의 출제 빈도가 높아질 것으로 보인다. 특정 제품을 그룹화하는 것은 조건부 서식과 비슷한 기능이다.

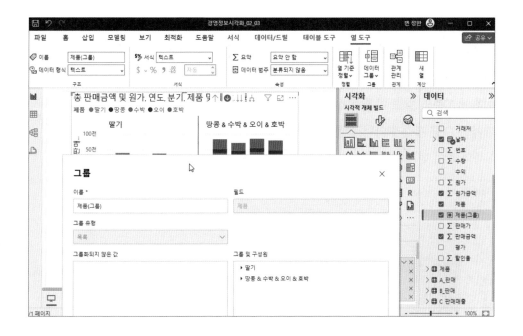

두 번째로 Y축에 필드 [판매금액]을 추가

시각화 개체 Y축에 [판매금액 개수]로만 표시되며, 차트가 값의 합계로 계산되는 것이 아니라, 개수로만 표시가 된다. 필드의 텍스트 형식을 숫자 형식으로 변경한다. 그리고 Y축 필드를 오른쪽 클릭해서 필드 [판매금액]을 정수 혹은 숫자 값으로 변경한다. 합계를 표시하기 위해서는 숫자 값으로 변환한다.

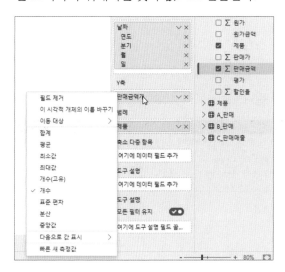

데이터에서 〈영업〉-[판매금액] 필드 앞에 시그마가 없는 것은 문자로 인식되어 있다는 것이며, [열 도구]-[구조]에서 데이터 형식을 다양한 숫자 타입으로 변환해야 한다. 그런 다음 필드 앞에 필드 [판매금액]을 보면 숫자 값 시그마(Σ) 표시가 된다.

이후에 Y축의 필드 이름 변경 및 데이터 값을 [합계]로 지정할 수 있다. 그러면 시각적 개체가 수량 개수가 아니라 합계 값으로 표시가 된다.

Y축의 값이 범례 제품별로 그룹화 되어서 표시된다.

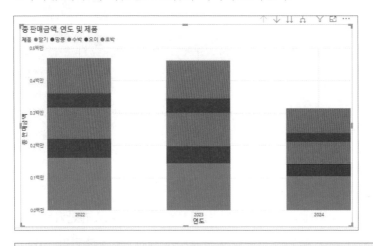

**🔍 시각화 문제** 데이터가 텍스트로 지정된 "금액 및 수량"을 차트로 이용해서 합계 변환 출제 가능성이 높다. 데이터 변환 "테스트 ↔ 숫자"를 학습한다.

[영업]-[원가]금액을 보면, 속성 값이 텍스트로 지정되어 있다. 앞에 [판매금액] 필드와 같이 데이터를 전환한 후에 시각화 개체의 [도구설명]에 추가한다.

필드가 텍스트인 경우는 개수만 표시가 된다.

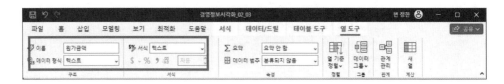

필드 [원가 금액]을 선택하고 [구조] 그룹에서 데이터 형식을 "정수"로 변경한다. 그러면 테이블의 필드 [원가금액] 앞에 Σ가 표시되어 숫자 값으로 변환된다.

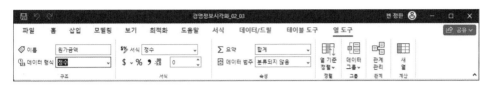

🔍 **시각화 문제** X/Y축 값의 필드에서 X축은 날짜 형식으로, Y축은 "텍스트" 형식을 숫자 타입으로 변경/계산하는 시각화 문제는 기본적으로 출제된다.

[범례]는 차트에 데이터를 묶어 주는 그룹 정보로, [제품]은 텍스트 형식으로 메뉴의 [상황] 탭을 보면, 앞에 소개한 X, Y축 필드의 [상황] 탭과 동일해서 생략한다.

**1** [도구설명]의 필드 [원가금액개]의 이름을 "총원가"로 변경하고,
**2** 데이터 형식을 숫자 타입으로 변경한 후에 [속성] 그룹 요약을 "합계"로 지정한다.

시각화 개체 빌드 개체 [도구상자]에 〈원가〉 필드를 추가, 선택된 제품별 [총원가]도 팝업으로 추가된다.

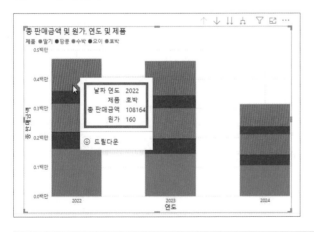

🔍 **시각화 문제** 1. 텍스트 데이터를 변환해서 숫자 값 처리 문제와
2. 시각적 빌드의 [도구 상자]를 선택 필드의 계산 값을 보여준다.

**팁**

1. 시각적 개체를 추가한다.
2. X, Y 범례 필드별로 [속성]의 리본 메뉴의 [상황] 탭의 내용을 학습한다.
3. 추가된 필드 값의 위치, 즉 X축, Y축에 대한 정확한 이해 및 데이터 값을 확인한다.
4. 차트의 시각화 레이아웃 이후에 모든 서식에서 적용되는 일반 서식을 학습한다.
5. 분석이 가능한 시각화 개체라면, 추세선도 학습한다.
6. 마지막으로 Power BI의 '상호 작용, 드릴스루' 등을 학습한다.

## 서식 – 시각적 서식

시각적 개체의 서식은 **[시각적 서식]/[일반 서식]**
두 가지로 구분된다.

✅ **시각적 개체: 선택된 시각적
개체에만 필요한 서식들**

[X축]부터 [그림영역 배경]까지
해당 시각화 개체를 학습한다.

- X축 [유형]에는 범주/연속을 선택하는데 범주를 선택, 데이터 차트 막대가 가운데로 집중된다.
- [값] 그룹에는 글꼴 및 크기 사이즈 최대 높이 및 레이블 연결을 선택한다.
- [제목] 그룹인 "연도"의 텍스트 이름을 변경하거나 글꼴 및 크기 색상을 RGP 값을 변경하고 레이아웃 [최소 범주 너비]의 간격을 조절한다.

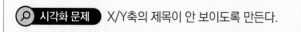 **시각화 문제** X/Y축의 제목이 안 보이도록 만든다.

- [범위] 그룹은 최소값 및 최대값의 숫자를 직접 입력 및 함수로 요약 그룹을 지정한다. 그리고 [범위 반전]을 클릭하면 데이터가 상단 값 기준으로 변경된다.
- 글꼴 및 색상 표시 단위, 값 소수 자릿수를 지정, 스위치 축을 선택하면, 오른쪽으로 Y축의 레이블 및 값이 이동한다. 특히 최소/최대의 값 함수를 클릭하면, Y축 필드 값을 합계부터 중앙값까지 표시할 수 있다.

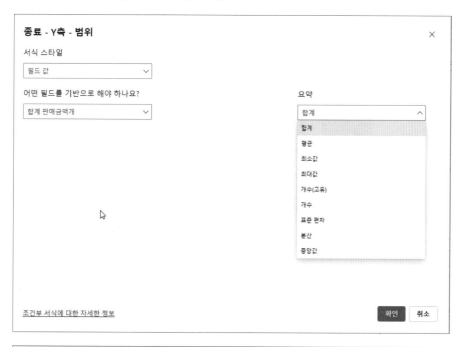

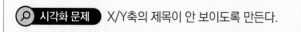 **시각화 문제** Y축의 범례별 데이터를 평균값 및 개수로 표시하는 문제가 나올 가능성이 높다. 모의 테스트에서는 주로 DAX의 [새 측정값] 이용해서 함수를 만드는 문제가 출제되었다.

[값] 그룹에서는,

- [글꼴 및 사이즈 색상] 표시 형식에는 다양한 Y축 값 단위 및 소수 자릿수를 지정한다.
- [제목] 그룹 설정은 X축과 같이 제목 및 스타일, 글꼴 및 색상 등을 설정한다.
- [범례] 그룹에는 범례 데이터 기준으로 위치(왼쪽 위부터 가운데 등 10개)를 지정한다.

[눈금선] 그룹에서는 차트의 가로축 기준으로 색상 및 투명도, 선 스타일, 너비를 지정한다.

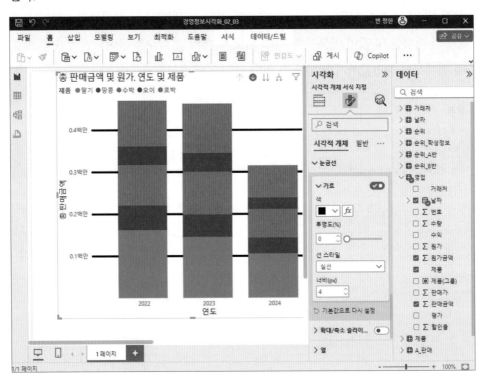

[확대/축소 슬라이더]는 Y축 표시 여부, 슬라이더 레이블 및 도구설명을 설정한다.

[색] 그룹에서는 범례 제품별 색상을 변경할 수도 있으며, 테두리 색상을 지정한다.

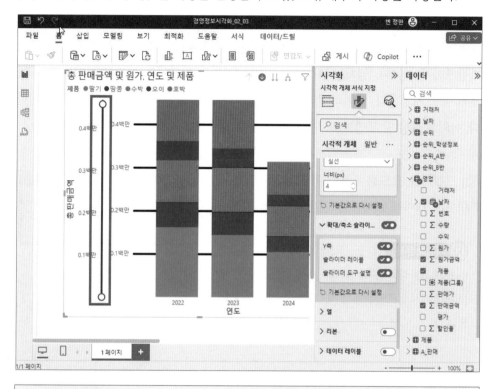

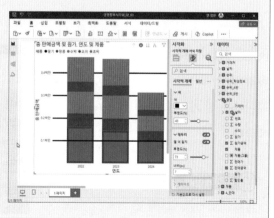

🔍 **시각화 문제** 범례의 눈금선을 지정하는 방법은 출제될 가능성이 높다. 특히 특정 범례 제품 "딸기"만 검정색으로 지정하고, 테두리를 투명도 73%, 너비를 7PIX 결과 값을 지정, 특정 범례 값을 집중하도록 설정 문제가 나올 수도 있다.

### ✅ [데이터 레이블] 그룹 설정

계열을 선택한다는 것은 범례를 전체 표시 "모두"에서 특정 범례만 "딸기"로 지정할 수도 있다.

데이터 값의 레이블을 표시하는 [옵션] 그룹에는 방향(가로, 세로) 및 위치(자동 및 축에 가깝게까지 4종류), [넘치는 텍스트 표시]는 데이터 레이블이 넘어가도 보이도록 서식, 두께 등을 지정한다. 데이터 범례의 레이블 제목은 글꼴, 색상 및 사이즈 등을 지정한다. 이외에 색상 및 투명도, 표시 단위, 값 소수 자릿수를 지정한다.

[값] 그룹에는 필드를 선택해서 요약, 글꼴 및 색상 투명도 및 레이블 표시단위 및 값 자릿수를 지정한다.

🔍 **시각화 문제** 값 필드의 레이블의 배경색 설정하는 문제 가능성이 높다. 레이블 [세부 정보] 그룹은 제품 관련 유사 필드의 글꼴 및 색상 및 값의 속성을 지정한다.

[배경] 그룹은 데이터 값의 배경 색상/투명도%, 레이블 레이아웃 및 가로 맞춤을 선택한다.

🔍 **시각화 문제** 레이블의 색상 및 단위, 위치를 변경 문제는 모의 테스트에서 출제가 되었다.

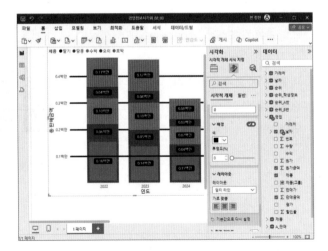

### ✅ [합계 레이블] 그룹 설정

막대 차트 상단에 총 합계 데
이터 값을 설정하는데, 값의
글꼴 및 색상, 표시 단위 및
소수 자릿수를 지정한다.

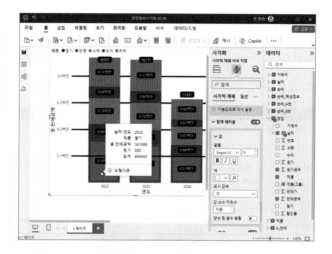

[그림 영역 배경] 그룹은 시각
화 개체의 배경 이미지를 변
경한다.

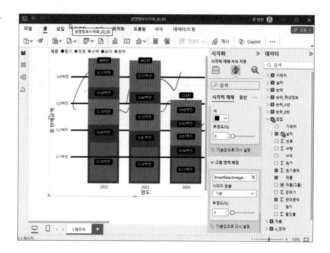

🔍 **시각화 문제** 그림 선택 및 이미지 맞춤 그리고 투명도를 설정한다.

## 서식 – 일반 서식

차트의 일반 서식을 설정하는데, [속성, 제목, 효과, 머리글 아이콘, 도구 설명, 대체 텍스트]로 구성되어 있다.

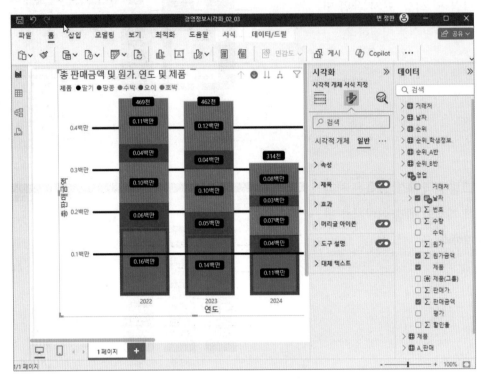

- 속성은 [크기, 위치 안쪽 여백, 고급 옵션] 그룹으로 구성되어 있다.

크기부터 고급 옵션은 다음과 같다.

  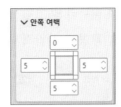 

시각화 크기 및 가로/세로 비율 고정을 선택할 수 있으며, 위치 및 안쪽 여백 및 반응형 선택할 수 있는 기능을 담고 있다.

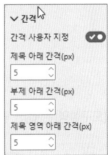

- 제목은 제목/부제목/구분선/간격을 구성되어 있고,
- 제목에는 텍스트 변경 및 글꼴 및 크기, 색상, 배경, 맞춤 등, 부제목도 동일한 기능
- 간격에는 제목 아래 간격 등 일반 서식을 제공한다.

[효과] 그룹은 다음과 같다.

• 효과에는 배경, 시각적 테두리 및 그림자를 설정,

• 배경에는 색상 지정 및 투명도, 시각적 테두리, 그림자에는 색상 등을 지정한다.

기타 기능으로,

• 머리글 아이콘 및 시각적 아이콘 체크 기능이 있다.

• 마우스로 시각적 개체를 선택하면, 시각적 개체 우측 상단에
사각 도형으로 표시되는데 선택 여부를 확인하는 데 사용된다.

[도구설명]은 옵션 및 텍스트, 배경을 설정한다.

시각화 개체를 마우스로 선택한 후에 관련 데이터를 팝업 창 설정 것은 [옵션]에서 설정하며, 테스트 글꼴 및 색상 등을 지정하며, 도구상자의 배경 색/투명도를 지정한다.

## 분석

상수선 및 선, 데이터 레이블을 설정한다.

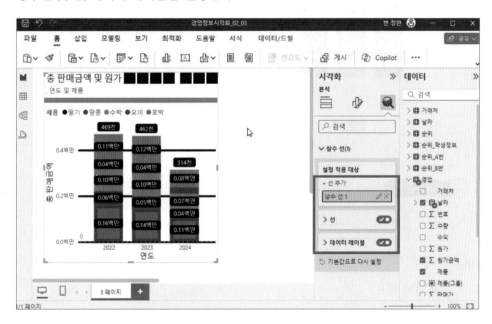

선의 값을 350,000으로 지정하고 투명도를 50%로 지정하려면, 데이터 값 및 색상 및 투명도, 선 스타일, 그리고 너비 및 위치 등을 지정한다. 앞에 설정한 선 값 기준을 가로 레이블로 추가된다.

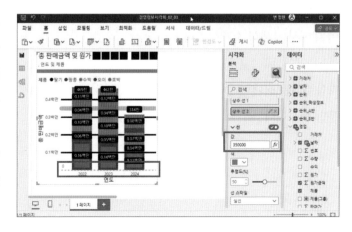

[범례]별 개별/통합 추세선을 구분해서 지정할 수 있다.

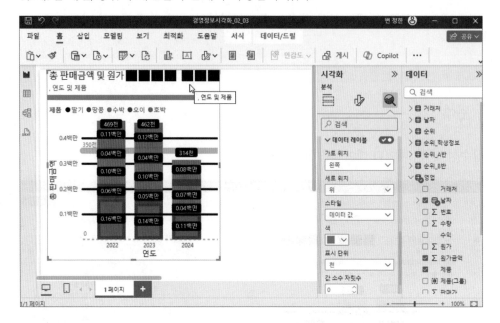

🔍 **시각화 문제** ▶ 범례 개별 추세선 만들기는 모의 테스트에서도 출제된 문제이다.

지금까지는 막대 그래프 차트를 이용해서 3단계

1. 시각화 개체 빌드,

2. 서식은 시각화 개체 및 일반 서식으로 구분

3. 분석

에 대해서 자세히 소개하였다.

다음부터는 최대한 중복 설명한 내용은 생략하고, 시각적 개체 [차트]별 차이가 있는 부분만 학습한다.

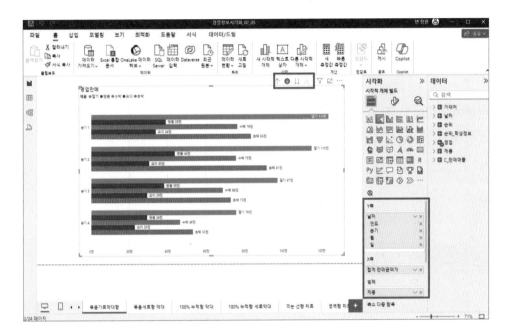

[누적 세로막대형]을 X축과 Y축을 바꿔 놓은 것이다. 따라서 각 데이터/필드 성격 및 상황 탭도 동일하지만, 데이터 표현만 다르다.

## 시각적 개체 필드

테이블 데이터 〈영업〉 기준으로
Y축에 필드 [날짜] 계층구조로
X축은 필드 [판매금액]을 합계로
범례는 필드 [제품]
도구설명에는 필드 [원가]합계를 지정한다.

드릴스루를 ↓를 체크(동그란 원형 형태) 드릴 모드 켜짐 상태에서
1. 우측 ↓↓를 클릭하면 다음 단계로,

2. 삼지창 모양 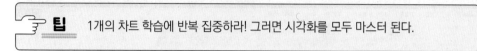 를 클릭하면 마지막 필드 계층 구조로 확장된다.

3. 다시 원위치 한다면,  드릴스루 모드의 왼쪽 ↑를 클릭한다. 그러면 순차적으로 앞
  단계로 이동하면서 시각화 차트가 변경된다.

**팁** 1개의 차트 학습에 반복 집중하라! 그러면 시각화를 모두 마스터 된다.

이번에는 페이지 [묶음 가로형]을 마우스 우측 클릭, 복제를 클릭해서 페이지를 복제한
후에 이름을 변경한다.

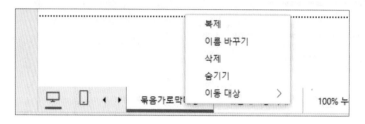

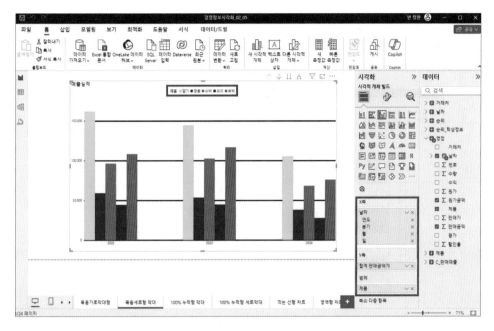

앞에서 작성된 동일한 모양의 시각화 개체를 선택하고 세 번째 묶음 세로막대형을 클릭하면, 앞에서 작성된 차트가 변경된다. X/Y축의 [필드] 기준으로 변경, 모든 서식도 앞과 동일하다.

> **팁** 새롭게 시각화 차트를 만드는 것이 아니라, 기존 차트를 변경해서 편집하는 방향으로 학습을 한다.

- 기본적으로 상단 좌측 맞춤이 된 것을 상단 중앙 맞춤으로 만들어 본다.
- 서식 [시각화 개체]에서 [범례] 그룹에서 위치를 "위쪽 가운데"를 선택한다.
- 범례 중에 "딸기"만 색상을 노란색 혹은 RGB #000000 값으로 변경하는 문제라면, 서식 [시각적 개체]-[열] 그룹에서 계열을 "딸기" 선택하고 다양한 서식을 지정한다.

X/Y축의 필드 [제목]이 표시가 안되며, 선택된 가로 막대 시트의 제목 이름을 "매출실적"이라고 변경한다. 그리고 선택된 차트의 [제목/부제목]을 변경하고 글꼴 및 텍스트 색상 값 지정, 가로 맞춤은 모의 테스트에서 출제가 높다. 특히 단위 표시를 백만, 숫자 타입 지정 그리고 데이터 레이블을 지정하는 출제가 높다. 그리고 X축 제목 이름, 가로/세로축의 눈금선 색상을 변경하는 문제가 출제된다.

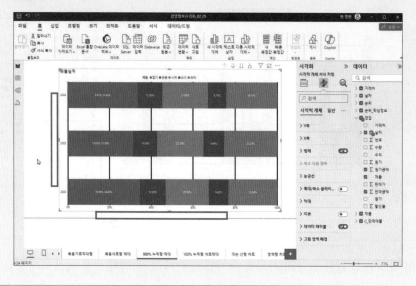

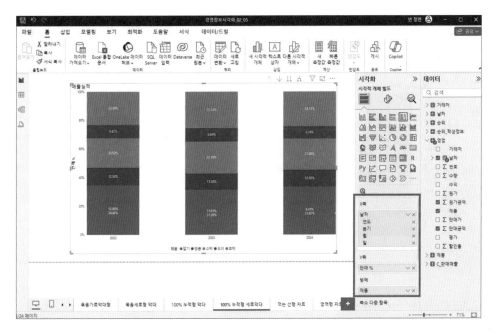

연도별 매출 실적을 범례별로 퍼센트로 보여준다.

데이터를 퍼센트로 Y축 기준으로 연속 혹은 범주별로 계산할 것인가를 선택할 수 있다. 서식 [시각화 개체]-[리본] 그룹을 체크한다.

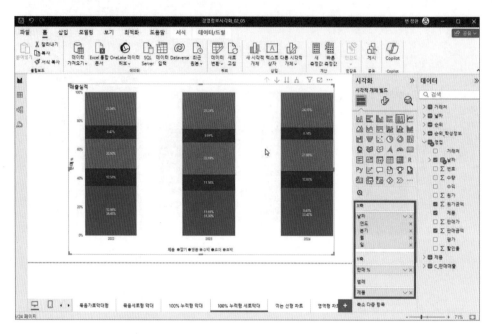

대부분 막대 차트는 합계/% 기준으로 작성되며, X/Y축 바꿈 정도로 이해하면 쉽다.

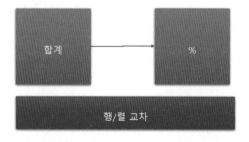

> **🔍 시각화 문제** 여기서 % 컨트롤 공식은 데이터 값을 합계/평균 등을 선택하고, 다음으로
> 값 표시를 총합계의 백분율을 선택한다.

앞에서 막대 및 선형 차트을 학습했다. 막대 행렬 종류는 거의 동일하지만, 합계/평균 등 숫자로 혹은 퍼센트로 해서 막대/선형으로 보여주는 차이만 있다.

# 6 꺾은 선형 차트

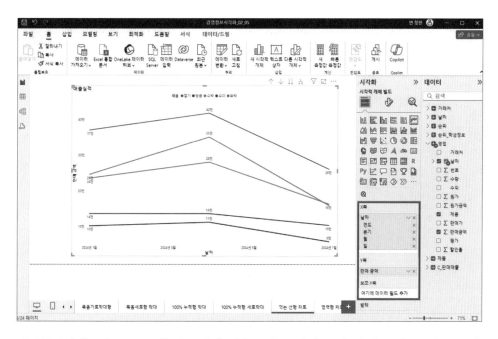

테이블 〈영업〉 기준으로 X축에는 날짜 계층, Y축은 판매 금액, 범례는 필드 [제품]을 선택/추가한다. 특히 범례는 가운데 하단을 선택한다.

여기서 보면 X축이 날짜 형식이므로 서식 페이지의 최소값/최대값은 날짜 형식으로 지정할 수 있다. 즉 필드 형식에 따라 최소값/최대값이 숫자 혹은 날짜 형식으로 지정한다.

🔍 **시각화 문제** 표식의 도형을 범례별로 계열 선택이 가능하며, 도형 선택/사이즈 크기를 지정하는 모의 테스트에서 출시되어, [시각화 개체]-[표식] 그룹에서 [도형] 소그룹에서 유형 및 크기를 지정한다. 그리고 도형의 색상을 X축 기준으로 다양하게 지정한다

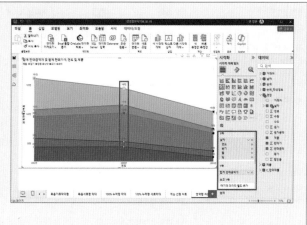

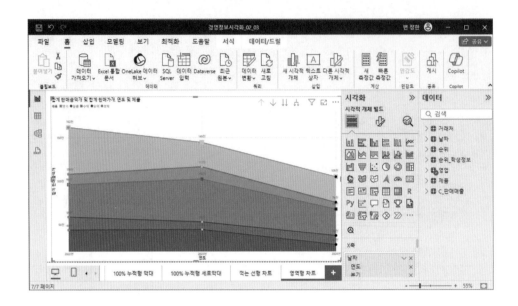

다음과 같이 구성되어 있다.

누적 영역 차트는 영역 차트를 누계로 설명한 것으로 앞에 소개한 차트와 같다.
그리고 100% 누적형 영역 차트는 다음과 같다.

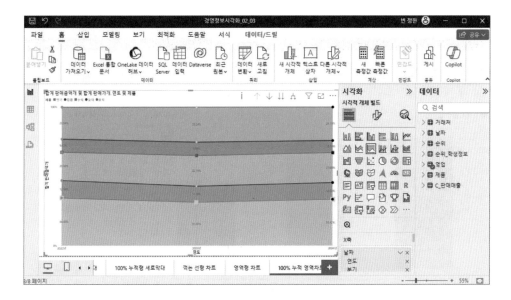

연도의 범례별 데이터를 100% 기준으로 분산처리 해서 보여준다.

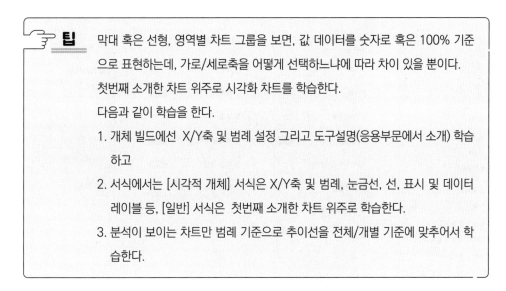

막대 혹은 선형, 영역별 차트 그룹을 보면, 값 데이터를 숫자로 혹은 100% 기준으로 표현하는데, 가로/세로축을 어떻게 선택하느냐에 따라 차이 있을 뿐이다.

첫번째 소개한 차트 위주로 시각화 차트를 학습한다.

다음과 같이 학습을 한다.

1. 개체 빌드에선 X/Y축 및 범례 설정 그리고 도구설명(응용부문에서 소개) 학습하고

2. 서식에서는 [시각적 개체] 서식은 X/Y축 및 범례, 눈금선, 선, 표시 및 데이터 레이블 등, [일반] 서식은 첫번째 소개한 차트 위주로 학습한다.

3. 분석이 보이는 차트만 범례 기준으로 추이선을 전체/개별 기준에 맞추어서 학습한다.

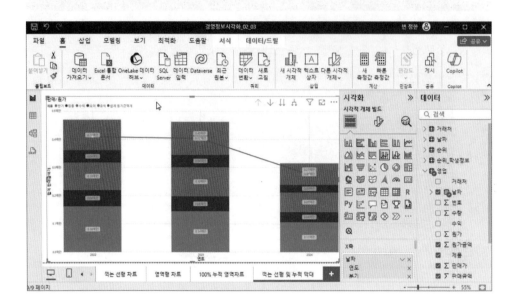

연도별 막대 누적 차트와 Y 보조축 기준으로 선형 데이터를 통합적으로 보여준다.

〈영업〉 테이블 기준으로

• 시각적 개체 빌드에서는 X축에는 날짜 및 Y축에는 판매금액, Y축 보조선은 원가금액
  의 필드를 선택하였다.

• 서식의 시각적 개체는 각 축 및 범례를 변경 그리고 열/선의 데이터 및 레이블 설정하
  는 차트의 공통 서식 항목들이 있다.

• 분석에는 X축을 값 2023년 기준으로 색상 및 투명도, 선 스타일 및 너비 등을 입력한다.

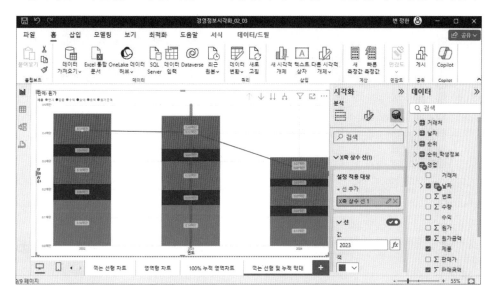

🔍 **시각화 문제**   [서식]-[시각화 개체]-[표식/레이블]는 모의 테스트에서 도형 및 사이즈 문
제가 출제 되었다.

## ✅ 꺾은 선형 및 묶음 세로막대

앞에선 누계를 설명하였지만, 묶음 세로 막대는 연도별 범례기준으로 판매금액을 보여준다.

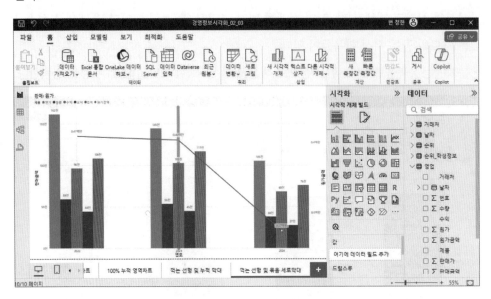

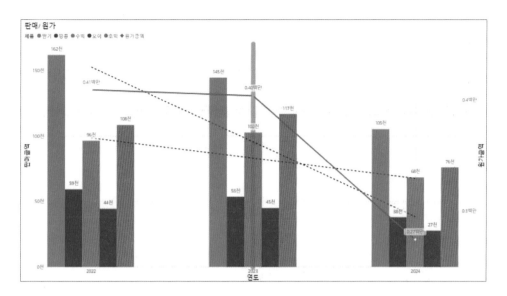

분석에 보면 범례별 필드 [제품] 추세선이 추가되었다. 즉, [분석]-[추세선]-[계열 결합]을 '해지'한다.

> 🔍 **시각화 문제**　전체 범례 기준 분석이 아니라, 연도별 판매금액 추이를 갖고 결합을 '해지'한다. 각 범례의 제품별로 추이 분석하는 모의 문제가 출제가 되었다.

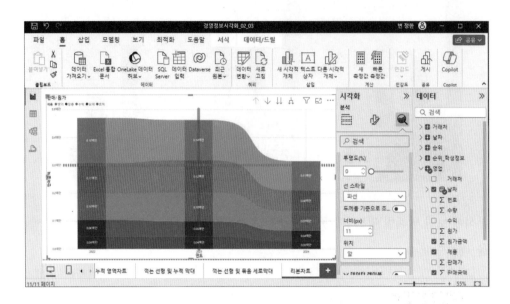

리본 차트는 시각적으로 범례 기준으로 큰 데이터는 상단에, 작은 데이터는 하단에 배치한다. 연도별 시리얼 분석을 하다가 시각적으로 위/아래 연도별 사이즈로 데이터를 분석한다. 분석에는 X축 상수선 설정 및 목표 값과 같은 가로 상수선을 설정하였다.

시각적 개체 빌드에서,
X축에는 날짜 계층,
Y축에는 판매금액,
범례에는 제품,
마우스로 선택된 데이터를 보여주는 도구설명은 원가금액을 지정하였다.

> ⊕ **시각화 문제** 모든 시각화 빌드의 공통인 [축소 다중 항목]은 하나의 차트에 범례별로 차트가 분할되어 시각화로 보여준다.

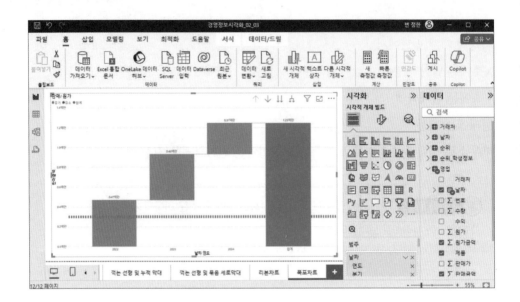

범주별에 [연도]별 기준으로 증감 데이터 요인을 분석하는 데 사용된다.

범주별에 필드 [제품] 기준으로 3년간 데이터 [판매금액] 정보를 보여준다.

시각적으로 차별화 증권 차트/영업 손익 추이 등에 사용된다.

> 🔍 **시각화 문제**  폭포 차트는 모의 테스트 출제가 않았지만, 출제 가능성이 높다. 예로 [모델링]-[매개 변수] 그룹에서 조합을 만들어서, 폭포수 차트의 X축에 적용하여 날짜, 제품으로 선택한 복합적인 차트 문제를 만들 수 있다.

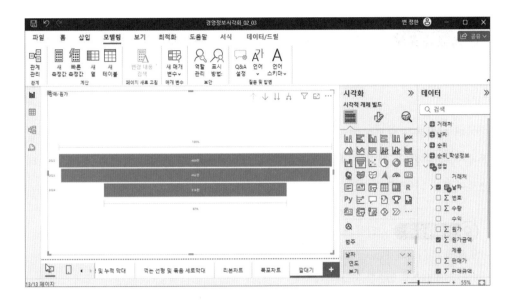

연도별 높음 차순으로 깔대기 형태로 시각화 차트를 보여준다.

> **🔍 시각화 문제** 모의 테스트에 출제되지는 않았지만, 출제 가능성이 높다. 나이/성별 혹은 제품 추이를 범례로 슬라이서 연동하는 시각화가 가능하다.

- 빌드 범주에서 필드 [날짜] 기준으로 값 필드 [판매금액]을 깔대기 형태로 설정한다.
- 서식-[시각화 개체] 그룹에서는 색, 데이터 레이블, 범주 레이블, 변환 속도 레이블 등
  이 있다.

> **🔍 시각화 문제** [색] 그룹에는 기본색을 변경하거나 [모두 표시]를 클릭해서 범주인 Y축 [연
> 도]별 색상을 지정하는 문제가 나올 수가 있다.

데이터 레이블을 오른쪽에 표시하려면, [데이터 레이블]-[옵션] 그룹에서 [위치]를 바깥
쪽 끝에 선택한다. 레이블의 값을 표시 단위 및 값 소수 자릿수의 설정 문제는 모의 테
스트에서도 나왔다.

> **🔍 시각화 문제** 시각화 개체와 관련된 개체 그룹의 메뉴를 암기할 수는 없다. 절대 암기할 수
> 도 없을 뿐 아니라, Power BI가 1개월마다 업데이트 중이라 암기해도 소용없다. 메뉴보다는 시
> 각화 차트 위주로 학습을 한다.
> X축의 의미?
> Y축의 의미?
> 범례가 무엇인지?
> 등에 맞추어서 학습한다.

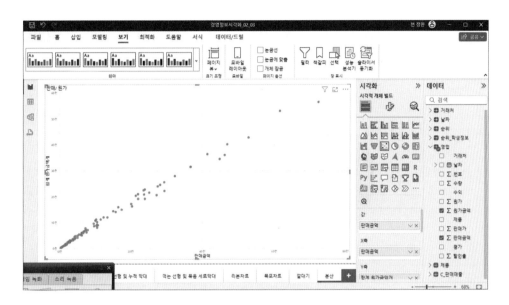

X축, 필드 [판매금액]을,
Y축 필드 [원가금액]의 합계 기준으로 분산을 보여준다.

- 시각적 개체 빌드는 X/Y축을 각각 판매금액/원가금액을 선택하였다.
- 시각화 서식은 다른 차트와 별반 차이가 없지만, 분산 차트의 경우 [분석] 창을 보면, 추세선 및 상수선, 최소/최대 및 평균/참조 선까지 다양한 분석 도구를 제공한다.

🔍 **시각화 문제** 분산은 모의 테스트에는 없었지만, 분산 추세선 및 X/Y 상수선 문제 가능성이 높다.

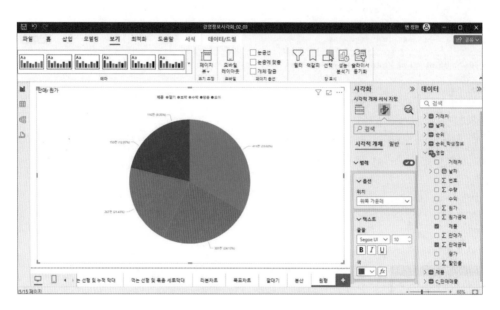

- 시각적 개체 필드는 범례에 제품, 값에는 판매금액, 서식에 시각적 개체의 범례 옵션으로 위치 및 글꼴 색상, 제목 등을 변경
- 특히, 세부 정보 레이블에는 값에 대한 레이블 내용 및 값 글꼴, 색상, 자릿수 등을 지정한다.

> 🔍 **시각화 문제**    내부 반경원 변경하는 모의 테스트 문제로 출제, [서식]-[시각적 개체]-[간격]에서 내부 반경%를 50%로 지정한다. 혹은 범주별 색상 지정 및 특정RGB 값으로 변경하는 문제도 주의해서 학습할 부문이다. 즉, 범주별로 특별한 색상을 지정하는 학습을 한다.

## ⑭ 트리 맵

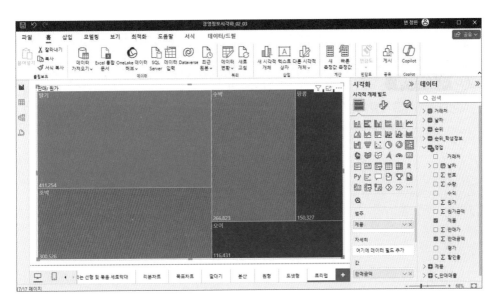

리본 트리 맵에 익숙하지 않다. 즉, 면적 크기에 따라 값이 크기 차이가 있다.

우하가 제일 작고

좌상이 제일 크다.

앞에 설명한 빌드, 서식도 거의 동일하다.

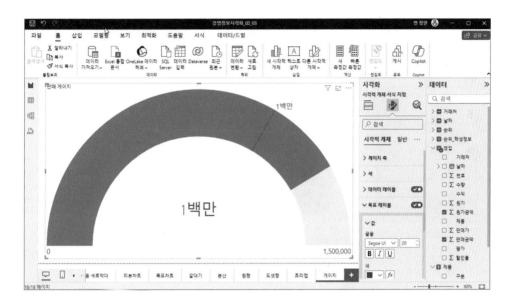

게이지 차트는 실적/목표 관리하는 차트로 사용된다. 즉 최대값을 1.5백만 설정해서 목표는 값은 1백만 초과된 상태를 보려고 한다면, 슬라이서를 연결해서 사용되는 목표 차트이다.

시각화 개체 빌드는 값은 필드 [판매금액] 그리고 도구 설명 [원가금액]을 추가한다.
[서식]-[시각적 게이지]-[축]에서 최대값을 1.5백만, 대상을 1백만으로, 색상 채우기/대상 색상을 지정한다. 그리고 데이터 레이블의 글꼴 및 색상 단위 지정한다.

목표 레이블 값에 대한 글꼴 표시 및 설명 값 등을 지정한다.

> 🔍 **시각화 문제**  게이지 목표 값, 설명 값을 설정하는 모의 테스트 문제가 출제가 되었다.

시각화 개체 카드는 요약 데이터 값을 보여준다.

시각화 필드의 카트 필드는 [판매금액] 참조해서 서식 시각적 개체에서 글꼴 및 색, 표시 단위 등을 선택, 범주 레이블의 글꼴 및 색상을 변경한다.

🔍 **시각화 문제** 설명 및 레이블 문제로 상호 시각화 개체 연결해서 출제될 가능성이 있다.

다음과 같은 여러 행 카드도 있다.

필드는 [제품], [판매금액]을 참조하였으며, 서식의 개체는 설명 값 및 범주 레이블, 그리고 카드 제목 및 스타일을 지정한다.

### ✅ KPI 성과관리

목표 대비 실적과 같이, 지표 관리하는 데 사용된다.

시각적 빌드에서는 값은 할인율이 적용된 원가금액 그리고 대상에는 명목 [판매금액]을 지정하고 색상 추세 측은 날짜 기준으로 색상으로 값의 상태를 보여준다.

추세선 기준으로 투명도를 높이면, 추세선의 상태 값은 목표 대비 실적의 상태가 마이너스 값이라서 [방향]-[잘못된 색]으로 표시된다.

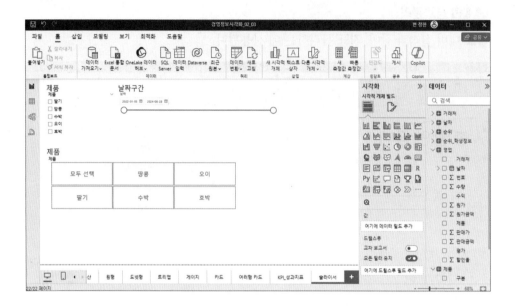

선택된 [필드] 중심으로 데이터를 요약으로 보여주며, 선택 차트와 상호 작용한다.

날짜 구간이든, 선택 버튼으로 원하는 데이터 값을 상호 조건부로 필터링된다.

1. 슬라이서 필드 [제품]을 선택하고,

2. 서식에서 옵션 스타일을 "타일"로,

3. 단일 선택 및 다중 선택 혹은 모두 선택을 설정하고,

4. 슬라이서 머리글 텍스트에는 제목 및 글꼴, 색 등 설정, 값의 글꼴 및 크기, 색을 지정하고 테두리 위치 및 배경색을 지정한다.

---

🔍 **시각화 문제** 슬라이서의 문제 비중은 기대 이상 높다. 상호 연결 작용된 시각화 개체는 다양한 시각적 개체 간 상호 작용 방식으로 출제가 된다. 특히 [슬라이서 설정]에서,

• 단일 선택

• CTRL + 다중 선택

• 모두 선택 옵션 보이기

를 정확하게 이해해야 한다.

---

## 18 테이블 차트

데이터베이스 테이블과 같은 모양의 데이터 구조 형식으로,

1. 데이터 리스트는 기본이고,

2. 특정 필드 그룹 기준으로 합계, 평균, 분산 등을 요약 분석한다.

- 시각적 빌드에서는 테이블 〈순위〉에서 필드 '반, 번호, 이름, 점수'를 가져왔고, 테이블
  〈순위_학생정보〉과 필드 [이름]으로 관계 연결되어 있으며 필드 [출생지], [성별]로 구
  성되어 있다.

- 서식-시각적 개체에서 스타일 설정부터 접근성을 제공하는데, 특히 값과 열 머리글,
  합계를 학습한다.

- 필드 [점수]가 텍스트로 되어 있다면, 요약 [평균]으로 작성할 수가 없다. 따라서 필드
  [점수]를 선택하고, 상황 탭 [열 도구]-[구조]에서 텍스트 형식을 정수로 변환한다.

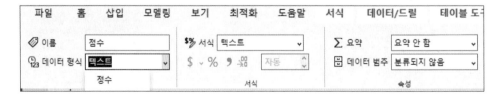

시각적 개체 빌드에서 필드 [점수]를 우클릭하면 평균 선택, '평균 점수 개'로 표시를 필드 이름을 '평균점수'로 변경한다.

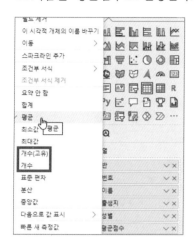

위 그림처럼 필드 [평균점수]를 선택하고 우측 마우스 리스트에서 '조건부 서식'을 선택한다. 그리고 데이터 막대 혹은 아이콘을 선택해서 조건부 서식을 변경한다.

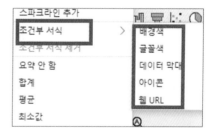

예로 최소 0, 최대 100을 입력하고, 양수 막대 및 음수 막대 색상을 지정한다. 그러면 필드 [평균점수]의 막대 색상이 변경된다. 혹은 [필드]에 다른 종류 조건부 서식도 혼합해서 지정할 수도 있다.

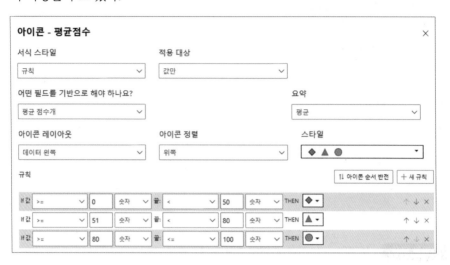

숫자를 점수별 3등급으로 만들어서, 스타일을 지정한다.

| 반 | 번호 | 이름 | 출생지 | 성별 | | 평균점수 |
|----|------|------|--------|------|----|----------|
| A | 1 | 가나 | 서울 | 남 | ◇ | 43.00 |
| A | 2 | 홍주 | 경기 | 여 | △ | 77.00 |
| A | 3 | 기성 | 경기 | 남 | △ | 56.00 |
| A | 4 | 우진 | 서울 | 여 | △ | 78.00 |
| A | 5 | 상사 | 경남 | 남 | △ | 55.00 |
| B | 6 | 고려 | 경북 | 여 | ◇ | 45.00 |
| B | 7 | 삼상 | 서울 | 남 | ◇ | 33.00 |
| B | 8 | 현상 | 전북 | 여 | ◇ | 43.00 |
| B | 9 | 진호 | 전남 | 남 | △ | 66.00 |
| B | 10 | 상진 | 충북 | 남 | ○ | 98.00 |
| 합계 | | | | | | 59.40 |

다양한 조건부 서식 표시 및 조건부 서식 제거까지 학습한다.

> 🔍 **시각화 문제** 모의 테스트 문제에서 [조건부 서식]-[아이콘] 문제가 나왔다.
> 조건부 서식을 문자 형식이 아니라 "숫자, %" 형식만 가능하다.
> 특히 Dax 함수로 작성된 필드 기준으로 조건 필터링 출제될 가능성이 높다.

• 차트 서식의 일반과 달리 서식 일반에도 다양한 기능을 포함되어 있다.

• 필터에 대해서, 보기-창표시-필터를 클릭 체크한다.

보고서 우측 창에 필터 창이 추가, 선택된 시각화 개체의 필드를 모두 보여준다.

관계 설정된 다른 테이브-필드를 조건부 필터로 추가해서 데이터를 상호 작용할 수도 있다.

🔍 **시각화 문제** 필드 [점수]에 상위 N 3개만 필터링 하려면, "여기에 데이터 필드 추가"에 해당 필드를 추가하고, 필터 형식을 다음과 같이 변경한다.

상위 위쪽 3개만 표시하는데 점수의 값을 평균으로 선택하면 평균점수 기준으로 3개의 조건부 필터 결과를 보여준다.

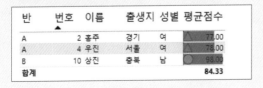

| 반 | 번호 | 이름 | 출생지 | 성별 | 평균점수 |
|---|---|---|---|---|---|
| A | 2 | 홍주 | 경기 | 여 | 77.00 |
| A | 4 | 우진 | 서울 | 여 | 78.00 |
| B | 10 | 상진 | 충북 | 남 | 98.00 |
| 합계 | | | | | 84.33 |

• 선택된 데이터 필드 기준으로 합계/평균/분산 등으로 표시할 수 있다.

| 반 | 인원 | 합계점수 | 평균점수 |
|---|---|---|---|
| A | 5 | 309 | 61.80 |
| B | 5 | 285 | 57.00 |
| **합계** | **10** | **594** | **59.40** |

필드 [반] 기준으로 [반 합계], [점수 합계], [점수 평균] 등을 계산한다.

이 부분은 시각화 응용 부문에서 DAX [새 측정값]을 통해서 자세히 소개한다.

지금은 엑셀 데이터시트 형태로 필드를 그룹화해서 데이터를 합계, 평균 등을 작성할
수 있다는 정도만 학습한다.

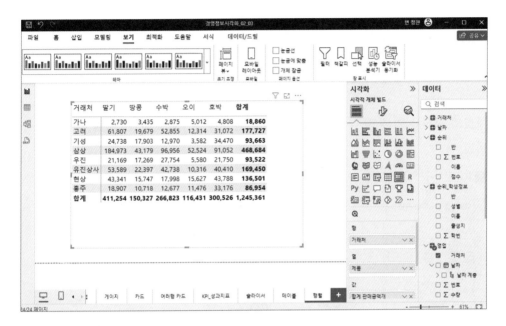

엑셀의 피벗처럼 행렬 요약 테이블처럼 만들 수 있다. 행에는 필드 [거래처], 열에는 필드 [제품]을 그리고 행렬 필드 값의 합계가 자동으로 표시된다.

- 시각화 개체 빌드에는
- 행 필드 [거래처]
- 열 필드 [제품]
- 값 필드 [합계금액]의 합계로 지정한다.
- 서식 시각화 개체는 다양한 기능이 제공한다.
- 레이아웃 및 스타일 사전등록

차트의 형식을 기본 및 다양한 서식을 제공하며, 레이아웃도 3가지 종류, 들여쓰기를 한다.

**1** 가로 눈금 및 세로 눈금 및 너비를 만든다.

**2** 빈 행을 체크하면 차트에 [빈 행] 체크하면, 데이터가 행 한 줄이 추가된다.

| 거래처 | 딸기 | 땅콩 | 수박 | 오이 | 호박 | 합계 |
|---|---|---|---|---|---|---|
| 가나 | 2,730 | 3,435 | 2,875 | 5,012 | 4,808 | 18,860 |
| 고려 | 61,807 | 19,679 | 52,855 | 12,314 | 31,072 | 177,727 |
| 기성 | 24,738 | 17,903 | 12,970 | 3,582 | 34,470 | 93,663 |
| 삼상 | 184,973 | 43,179 | 96,956 | 52,524 | 91,052 | 468,684 |
| 우진 | 21,169 | 17,269 | 27,754 | 5,580 | 21,750 | 93,522 |
| 유진상사 | 53,589 | 22,397 | 42,738 | 10,316 | 40,410 | 169,450 |
| 합계 | 411,254 | 150,327 | 266,823 | 116,431 | 300,526 | 1,245,361 |

**3** 필드 [판매금액] 값은 글꼴 및 색상 배경색 등을 지정한다.

- 열 머리글/행 머리글은 글꼴 및 색상 맞춤을 지정한다.

- 행 머리글의 아이콘 색상을 지정한다.

**4** 열/행 소개 및 열/행 총합계의 글꼴 및 색상 배경색을 지정한다.

**5** [특정 열]에는 계열 필드 대상의 합계 및 값을 지정한다.

**6** 셀 요소에서 배경색 지정 및 데이터 막대를 만들 수도 있다.

| 거래처 | 딸기 | 땅콩 | 수박 | 오이 | 호박 | 합계 |
|---|---|---|---|---|---|---|
| 가나 | 2,730 | 3,435 | 2,875 | 5,012 | 4,808 | 18,860 |
| 고려 | 61,807 | 19,679 | 52,855 | 12,314 | 31,072 | 177,727 |
| 기성 | 24,738 | 17,903 | 12,970 | 3,582 | 34,470 | 93,663 |
| 삼상 | 184,973 | 43,179 | 96,956 | 52,524 | 91,052 | 468,684 |
| 우진 | 21,169 | 17,269 | 27,754 | 5,580 | 21,750 | 93,522 |
| 유진상사 | 53,589 | 22,397 | 42,738 | 10,316 | 40,410 | 169,450 |
| 현상 | 43,341 | 15,747 | 17,998 | 15,627 | 43,788 | 136,501 |
| 홍주 | 18,907 | 10,718 | 12,677 | 11,476 | 33,176 | 86,954 |
| 합계 | 411,254 | 150,327 | 266,823 | 116,431 | 300,526 | 1,245,361 |

---

시각화 문제 유형 1, 2, 3에서

1은 기초 부문으로 데이터 처리 부문에 집중되어 있고,

2는 개별 시각화 차트

3은 복합된 시각화 차트 문제로 구성된다.

따라서 복합적인 응용 시각화 개체를 많이 학습해두어야 한다. 복합적인 시각화 차트는 이 책의 제5장 '시각화 응용' 편에 자세하게 소개되어 있다.

Power BI

IV

DAX
함수

Power BI Desktop의 DAX(Data Analysis Expressions)는 계산식을 만들어서 데이터 시각화 분석까지 해결하는 데 목적이 있다.

즉 DAX는 [모델링]-[계산] 그룹의 [새 측정값] 혹은 [새 열]을 추가해서 함수 식을 만들 수가 있다.

특히 시각화 데이터의 검색 조건에는 타임 시리즈 날짜 분석이 제일 많다. 년/월/일 누계, 순위 등과 같이 시각화 데이터에 맞추어서 예시 중심으로 학습한다.

DAX 함수를 예제 중심으로 시각화 데이터를 학습한다.

예제 Dax 함수는

1. [성적]

2. [영업 판매]에 맞추어서 구성되어 있다.

Dax Power BI 구성은 다음과 같다.

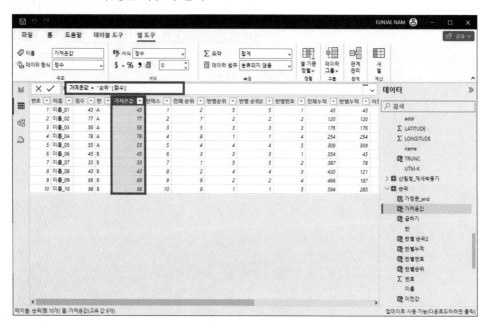

화면 구성은

1. 우측 첫 번째 상 그룹은 Dax 함수 그룹을 〈Dax_01〉부터 〈Dax_06〉 테이블로 설명,

2. 우측 두 번째 중 그룹은 참조하는 성적 및 영업 테이블이며,

3. 우측 세 번째 하 그룹은 [새 측정값]으로 작성한 새로운 테이블로 구성,

4. 맨 하단은 우측 첫 번째 그룹을 기준으로 각 [페이지]에 그룹별 Dax 함수를 정리하였다.

모든 DAX 작성은

1. [계산]-[새 측정값]으로 작성하였으며,

2. 논리 등 일부만 [새 열]함수로 작성,

3. [새 테이블] 작성을 통해서 요약 데이터를 만들었다.

## 1 숫자/집계/통계 함수

[1~ 5]는 〈영업〉 테이블의 [거래처] 필드 그룹으로 계산한다.

| 거래처 | 총판매금액 | 총구매금액 | 01_ABS(판매-구매) | 02_이익(판매/구매)% | 03_반올림_ROUND | 04_반올림_ROUNDdown | 05_반올림_ROUNDUP |
|---|---|---|---|---|---|---|---|
| 가나 | 12,030 | 15,750 | 3,720 | 76.38% | 76.00% | 76.00% | 77.00% |
| 홍주 | 53,145 | 74,390 | 21,245 | 71.44% | 71.00% | 71.00% | 72.00% |
| 기성 | 59,637 | 81,660 | 22,023 | 73.03% | 73.00% | 73.00% | 74.00% |
| 우진 | 54,329 | 82,270 | 27,941 | 66.04% | 66.00% | 66.00% | 67.00% |
| 현상 | 86,160 | 117,560 | 31,400 | 73.29% | 73.00% | 73.00% | 74.00% |
| 고려 | 112,825 | 156,890 | 44,065 | 71.91% | 72.00% | 71.00% | 72.00% |
| 우진삭나 | 99,770 | 149,110 | 49,340 | 66.91% | 67.00% | 66.00% | 67.00% |
| 합계 | 777,025 | 1,087,270 | 310,245 | 71.47% | 71.00% | 71.00% | 72.00% |

### ✅ 1. ABS

ABS함수는 숫자의 부호를 무시하고 절대값을 계산하는 함수이다. 예를 들어, -5의 절 대값은 5이고, 5의 절대값은 그대로 5이다.

**01_금액차이크기** = ABS('영업'[총판매금액]-'영업'[총구매금액])

### ✅ 2. DIVIDE

나눗셈 연산을 수행할 수 있다. 이 함수는 0으로 나누는 경우를 처리할 수 있고, 결과가 정의되지 않은 경우 대체 값을 설정할 수 있는 유용한 기능을 제공한다.

**02_이익률** = DIVIDE('영업'[총판매금액], '영업'[총구매금액])

### ✅ 3. ROUND

ROUND 함수는 숫자를 지정된 자릿수까지 반올림한다. 다음식은 〈사찰위치〉 테이블의 [LATITUDE] 필드 값을 소수점 둘째 자리까지 반올림한다. 예를 들어, [LATITUDE] 필드의 값이 35.1906이라면 [반올림_ROUND]값은 35.19가 된다.

**03_반올림_ROUND** = ROUND('Dax_01_숫자'[02_이익률],2)

### ✅ 4. ROUNTDOWN

ROUNDDOWN 함수를 활용한 다은 식은 〈사찰위치〉 테이블의 [LATITUDE] 필드에 있는 모든 값을 소수점 둘째 자리까지 내림하여 새로운 필드 [반올림_ROUNDdown]에 저장한다.

**04_반올림_ROUNDdown** = ROUNDDOWN('Dax_01_숫자'[02_이익률],2)

### ✅ 5. ROUNDUP

ROUNDDOWN 함수를 활용한 다음 식은 〈사찰위치〉 테이블의 [LATITUDE] 필드에 있는 모든 값을 소수점 둘째 자리까지 올림하여 새로운 필드 [반올림_ROUNDUP]에 저장한다. 예를 들어, [LATITUDE] 필드의 값이 35.1906이라면 [반올림_ROUNDUP]값은 35.2가 된다.

**05_반올림_ROUNDUP** = ROUNDUP('Dax_01_숫자'[02_이익률],2)

[6~7] 화면은 다음과 같다. 〈영업〉 테이블의 [거래처]/[제품] 필드 그룹으로 계산한다.

| 거래처 | 제품 | 06_평균판매가 | 07_거래처평균금액 | 08_판매건수 |
|---|---|---|---|---|
| 홍주 | 딸기 | 196.00 | | 19 |
| 홍주 | 땅콩 | 196.00 | | 45 |
| 홍주 | 수박 | 196.00 | | 24 |
| 홍주 | 오이 | 196.00 | | 38 |
| 홍주 | 호박 | 196.00 | | 63 |
| 현상 | 딸기 | 196.00 | | 45 |
| 현상 | 땅콩 | 196.00 | | 61 |
| 현상 | 수박 | 196.00 | | 30 |
| 합계 | | 196.00 | 334.22 | 2460 |

### ✔ 6. AVERAGE

AVERAGE 함수는 특정 열의 평균값을 계산한다. 이 함수는 지정된 열의 모든 숫자 값의 합을 그 값들의 개수로 나누어 평균을 구한다.

**06_평균판매가 = AVERAGE('제품'[판매가])**


### ✔ 7. AVERAGEX

AVERAGEX함수는 AVERAGE함수와 같이 필드 값들의 평균을 구한다. 둘의 차이점은 AVERAGE함수가 단순히 필드의 평균을 계산하며, 필드가 이미 존재하는 경우에 사용되나 AVERAGEX 함수는 테이블의 각 복잡한 계산을 수행하고, 그 결과 값들의 평균을 계산할 때 사용된다.

**07_거래처평균금액 = AVERAGEX(FILTER('영업','영업'[거래처]="삼상"),'영업'[판매금액])**


[8~9] 화면은 다음과 같다. 〈날짜〉 테이블의 [Date] 필드 그룹으로 계산한다.

| Date | 08_판매건수 | 09_빈값 |
|---|---|---|
| 2022-01-01 | | 1 |
| 2022-01-02 | | 1 |
| 2022-01-03 | 10 | |
| 2022-01-07 | 10 | |
| 2022-01-11 | 10 | |
| 2022-01-15 | 10 | |
| 2022-01-19 | 40 | |
| 2022-01-23 | 10 | |
| 2022-01-27 | 10 | |
| 합계 | 2460 | |


### ✔ 8. COUNT, COUNTA

COUNT 함수는 특정 열의 값이 몇 개인지 파악할 때 사용된다. 예를 들어 [카운트실습] 테이블에서 [수량] 필드를 이용해 판매 건수를 계산해 보자. 새 측정값을 추가하여 다음과 같이 수식을 입력한다. [제품명] 필드 값이 비어 있는 경우도 있으나 전체 레코드 수를 반환한 것을 확인할 수 있다.

COUNTA 함수도 COUNT함수와 마찬가지로 개수를 파악할 때 사용하나 지정된 열에서 모든 비어 있지 않은 값을 계산한다. 숫자뿐만 아니라 텍스트 값도 포함된다는 차이점이 있다.

**08_판매건수 = COUNT(('영업'[번호]))**

### ✅ 9. COUNTBLANK

COUNTBLANK 함수는 지정된 범위 또는 열에서 빈 셀의 개수를 센다.
다음식의 결과는 2로 [제품명] 필드의 빈 값을 카운트한다.

**09_빈값 = COUNTBLANK('날짜'[월판매누계])**

[10~11] 화면은 다음과 같다. 〈영업〉 테이블의 [거래처] 필드 그룹으로 계산한다.

| 거래처 | 10_거래처수 | 11_IT_업종수 |
|--------|------------|-------------|
| 가나 | 1 | |
| 기성 | 1 | |
| 우진 | 1 | 1 |
| 유진상사 | 1 | 1 |
| 홍주 | 1 | |
| 합계 | 5 | 2 |

### ✅ 10. COUNTROWS

COUNTROWS 함수는 지정된 테이블의 행 수를 계산하여 반환한다.
〈거래처〉 테이블의 행의 수를 반환한다.

**10_거래처수 = COUNTROWS('거래처')**

### ✅ 11. COUNTAX

COUNTAX 함수는 테이블의 각 행에 대해 특정 조건을 적용한 후 그 조건에 맞는 행수를 계산할 때 사용된다. 다음식을 이용해서 [업태]가 "IT"인 행 수를 확인해 보자.

**11_IT_업종수 = COUNTAX('거래처', IF('거래처'[업태] = "IT",1,BLANK()))**

[10~11] 화면은 다음과 같다. 〈영업〉 테이블의 [제품] 필드 그룹으로 계산한다.

| 제품 | 12_제품수1 | 13_제품수2 |
|---|---|---|
| 딸기 | 1 | 1 |
| 땅콩 | 1 | 1 |
| 수박 | [illegible] | 1 |
| 오이 | 1 | 1 |
| 호박 | 1 | 1 |
| **합계** | **5** | **5** |

### ✔ 12. DISTINCTCOUNT

DISTINCTCOUNT 함수는 지정된 열에서 중복을 제외한 고유한 값의 개수를 계산하는 데 사용된다. 이 함수는 데이터 모델에서 특정 열의 유니크한 값들의 개수를 파악할 때 매우 유용하다.

12_제품수1 = DISTINCTCOUNT('영업'[제품])

### ✔ 13. DISTINCTCOUNTNOBLANK

DISTINCTCOUNTNOBLANK 함수는 지정된 열에서 중복을 제외한 고유한 값의 개수를 계산하되, 빈 값(Null 또는 Blank 값)은 제외하고 계산하는 데 사용된다. 이 함수는 DISTINCTCOUNT 함수와 비슷하지만, 빈 값을 무시하고 고유한 값을 계산한다는 점에서 차이가 있다. 동일한 방법으로 측정 값을 추가하고 다음 수식을 등록한다.

13_제품수2 = DISTINCTCOUNTNOBLANK('영업'[제품])

[14~17] 화면은 다음과 같다.

| 14_최근판매일 | 15_정상최대금액 | 16_판매시작일 | 17_정상최소금액 |
|---|---|---|---|
| 2024-08-28 | 60,000.00 | 2022-01-03 | 100 |

## ✅ 14. MAX, MAXA

MAX 함수는 지정된 열에서 가장 큰 값을 반환한다. 이 함수는 숫자 열이나 날짜 열에서 최대값을 계산할 때 유용하다. 〈영업〉 테이블에서 가장 마지막 판매가 이루어진 날짜를 확인해 보자. [새 측정값]을 추가하고 다음 수식을 입력한다.

MAXA도 마찬가지로 지정된 열의 최대값을 반환하나, 함수가 숫자 값 외에도 논리 값(True, False) 및 텍스트 값을 평가한다는 차이점이 있다.

14_최근판매일 = MAX('영업'[날짜])


## ✅ 15. MAXX

MAXX 함수는 주어진 테이블의 각 행에 대해 표현식을 평가한 후 그 결과 값들 중 최대값을 반환한다. MAXX는 반복 계산을 수행한 결과의 최대값을 구할 때 사용된다.

15_정상최대금액 = MAXX('영업','영업'[판매단가]* '영업'[판매금액])


## ✅ 16. MIN

MIN 함수는 지정된 열에서 가장 작은 값을 반환한다. 이 함수는 숫자 열이나 날짜 열에서 최소값을 계산할 때 유용하다. 〈영업〉테이블에서 가장 첫 번째 판매가 이루어진 날짜를 확인해 보자. 새 측정값을 추가하고 다음 수식을 입력한다.

16_판매시작일 = MIN('영업'[날짜])

MINA도 마찬가지로 지정된 열의 최소값을 반환하나, 함수가 숫자 값 외에도 논리 값(True, False) 및 텍스트 값을 평가한다는 차이점이 있다.


## ✅ 17. MINX

MINX함수는 주어진 테이블의 각 행에 대해 표현식을 평가한 후 그 결과 값들 중 최소값을 반환한다. MINX는 반복 계산을 수행한 결과의 최소값을 구할 때 사용된다.

17_정상최소금액 = MINX('영업','영업'[수량]*'영업'[판매단가])

[18~20] 화면은 다음과 같다. 〈영업〉-[제품] 그룹으로 만들었다.

| 제품 | 18_Product_ex | 20_영업합계 |
|------|---------------|------------|
| 딸기 | 53,760,000,000.00 | 2,786.00 |
| 땅콩 | 53,760,000,000.00 | 1,825.00 |
| 수박 | 53,760,000,000.00 | 4,128.50 |
| 오이 | 53,760,000,000.00 | 940.00 |
| 호박 | 53,760,000,000.00 | 2,120.00 |

## ✔ 18. PRODUCT

PRODUCT 함수는 지정된 범위 또는 열의 모든 숫자의 곱을 계산한다.

18_Product_ex = PRODUCT('제품'[원가])

## ✔ 19. PRODUCTX

PRODUCT 함수는 지정된 테이블의 각 행에 대해 주어진 표현식을 평가하고, 그 결과를 모두 곱한 값을 반환한다. (금액이 크기 때문에 생략)

19_productx_ex = PRODUCTX('영업','영업'[수량]*'영업'[판매단가])

## ✔ 20. SUM

SUM 함수는 다양한 데이터 처리 및 분석 도구에서 가장 기본적이고 널리 사용되는 집계 함수 중 하나로 숫자 데이터를 포함하는 열의 모든 값을 합산한다.

20_영업합계 = SUM('영업'[판매금액])

| 01_거래처_품목 | 02_거래처목록 | 03_검색 | 04_format_ex | 05_left_ex | 06_len_ex | 07_lower_ex | 08_mid_ex | 09_replace_ex | 10_right_ex | 11_search_ex |
|---|---|---|---|---|---|---|---|---|---|---|
| 가나딸기 | 가나,홍주,기성,우진,유진상사 | 7 | $12,345.68 | Power | 8 | power bi | WER B | PowerBI is good! | BI | 6 |
| 가나땅콩 | | | | | | | | | | |
| 가나수박 | | | | | | | | | | |
| 가나오이 | | | | | | | | | | |
| 가나호박 | | | | | | | | | | |
| 고려딸기 | | | | | | | | | | |
| 고려땅콩 | | | | | | | | | | |
| 고려수박 | | | | | | | | | | |

| 12_중복제거 | 13_공간제거 | 14_대문자 | 15_소자변환 |
|---|---|---|---|
| 사과, 오렌지, 사과 | 안녕하세요 | HELLO WORLD | 1,234.00 |

## ✔ 1. CONCATENATE

CONCATENATE 함수는 두 개의 텍스트 문자열을 하나의 텍스트로 연결해 준다. 이와 같이 문자열을 결합하기 위해 사용되는 함수는 CONCATENATEX, CONCATENATEXDISTINCT, CONCATENATEXNODUP 등이 있다. 활용도가 높은 CONCATENATE와 CONCATENATEX 함수를 작성해 보자.

01_거래처_품목 = CONCATENATE('영업'[거래처],'영업'[제품])

## ✔ 2. CONCATENATEX

특정 테이블의 열 값을 지정된 구분자로 구분하여 하나의 문자열로 합친다. 다음 식은 〈영업〉 테이블의 [거래처] 필드 값을 콤마(,) 로 구분하여 값을 출력한다.

02_거래처목록 = CONCATENATEX('거래처','거래처'[거래처],",")

[3~4] 화면은 다음과 같다.

| 03_검색 | 04_format_ex |
| --- | --- |
| 7 | $12,345.68 |

### ✅ 3. FIND

FIND 함수는 문자열 내에서 한 텍스트 문자열의 시작 위치를 반환한다. FIND 함수는 대/소문자를 구분한다.

03_검색 = FIND("BI", "Power BI")


### ✅ 4. FORMAT

FORMAT는 데이터를 특정 형식에 맞추어 표시하거나 해석하는 것을 의미한다.

04_format_ex = FORMAT(12345.6789, "$#,##0.00")


[5~11] 화면은 다음과 같다.

| 05_left_ex | 06_len_ex | 07_lower_ex | 08_mid_ex | 09_replace_ex | 10_right_ex | 11_search_ex |
| --- | --- | --- | --- | --- | --- | --- |
| Power | 8 | power bi | WER B | PowerBI is good! | BI | 6 |

### ✅ 5. LEFT

LEFT 함수는 문자열에서 왼쪽에서부터 지정된 수의 문자를 반환한다.

05_left_ex = LEFT("Power BI", 5)


### ✅ 6. LEN

LEN 함수는 주어진 문자열이나 값의 길이를 반환한다.

06_len_ex = LEN("POWER BI")

## ✅ 7. LOWER

LOWER 함수는 문자열의 모든 문자를 소문자로 변환한다.

07_lower_ex = LOWER("POWER BI")


## ✅ 8. MID

MID 함수는 주어진 문자열에서 지정된 위치에서 시작하여 지정된 수의 문자를 추출하는 함수이다.

08_mid_ex = MID("POWER BI", 3, 5)


## ✅ 9. REPLACE

REPLACE 함수는 주어진 문자열에서 지정된 위치에서부터 지정된 수의 문자를 다른 문자열로 대체하는 함수이다.

09_replace_ex = REPLACE("PowerBI is bad!", 12, 4, "good!")


## ✅ 10. RIGHT

오른쪽 기준으로 자르기를 하는 DAX 함수다.

10_right_ex = RIGHT("POWER BI", 2)


## ✅ 11. SEARCH

SEARCH 함수는 특정 문자열이 다른 문자열 내에서 처음 등장하는 위치를 찾는다. 이 함수는 대소문자를 구분하지 않고 검색하며, 대소문자를 구분해야 하는 경우에는 FIND 함수를 사용할 수 있다.

11_search_ex = SEARCH("bi", "PowerBI")

[12~15] 화면은 다음과 같다.

| 12_중복제거 | 13_공간제거 | 14_대문자 | 15_숫자변환 |
|---|---|---|---|
| 사과, 오렌지, 사과 | 안녕하세요 | HELLO WORLD | 1,234.00 |

## ✔ 12. SUBSTITUTE

SUBSTITUTE 함수는 텍스트 문자열 내에서 특정 텍스트를 다른 텍스트로 바꾸는 데 사용된다. [바꿀 인스턴스 번호]는 지정하지 않으면 모든 인스턴스를 대체한다.

예시3 = SUBSTITUTE("사과, 사과, 사과", "사과", "오렌지", 2)

결과는 "사과, 오렌지, 사과" 로 2번째 인스턴스를 변경한 결과이다.

**12_중복제거 = SUBSTITUTE("사과, 사과, 사과", "사과", "오렌지", 2)**

## ✔ 13. TRIM

TRIM 함수는 문자열의 양쪽 끝에서 공백을 제거할 수 있다. TRIM 함수는 텍스트 데이터 정리 및 전처리에 매우 유용하다.

예시2 = TRIM(" 안녕하세요 ")

결과는 "안녕하세요" 로 텍스트 값의 앞뒤 공백을 제거한다.

**13_공간제거 = TRIM(" 안녕하세요 ")**

## ✔ 14. UPPER

UPPER 함수는 문자열을 모두 대문자로 변환한다.

예시3 = UPPER("hello world")

결과는 "HELLO WORLD" 로 소문자가 모두 대문자로 변경되었다.

**14_대문자 = UPPER("hello world")**

## ✅ 15. VALUE

VALUE 함수는 텍스트 문자열을 숫자 형식으로 변환할 수 있다.

예시4 = VALUE("1234")

결과는 1234 로 텍스트 문자열이 숫자 형식으로 변경되었다.

**15_숫자변환 = VALUE("1234")**

[1~6] 화면은 다음과 같다. 〈순위〉 테이블의 [번호], [반], [이름], [점수] 필드 기준으로 작성한다.

| 번호 | 반 | 이름 | 점수 | 01_가정문_and | 02_가정문_not | 04_가정문_or | 06_진실_거짓 |
|------|----|------|------|---------------|---------------|--------------|--------------|
| 1 | A | 가나 | 43 | 포함 | 제외 | 제외 | FALSE |
| 2 | A | 홍주 | 77 | 포함 | 제외 | 제외 | TRUE |
| 3 | A | 기성 | 56 | 포함 | 제외 | 제외 | FALSE |
| 4 | A | 우진 | 78 | 포함 | 제외 | 제외 | TRUE |
| 5 | A | 상사 | 55 | 포함 | 제외 | 제외 | FALSE |
| 6 | B | 고려 | 45 | 포함 | 제외 | 제외 | FALSE |
| 7 | B | 삼상 | 33 | 포함 | 제외 | 제외 | FALSE |

### ✅ 1. IF, AND

IF 함수는 조건이 참(True)인지 거짓(False)인지에 따라 다른 결과를 반환하는 함수로 다음 수식은 〈순위〉 테이블의 [점수] 필드 값이 80보다 크고, 〈순위〉테이블의 [순위] 필드 값이 10보다 작을 경우 "제외"라는 값은 리턴하고 그렇지 않을 경우에는 "포함"이라는 값을 리턴 한다. 또한, AND 함수는 주어진 모든 조건이 참(True)인 경우에만 참(True)을 반환한다.

**01_가정문_and** = IF(AND('순위'[점수] > 80, '순위'[전체 순위] < 10), "제외", "포함")

### ✅ 2. IFERROR

IFERROR 함수는 수식이나 표현식에서 오류가 발생할 경우 대체 값을 반환하는 데 사용된다. 이 함수는 데이터 처리 중 발생할 수 있는 오류를 처리하여 보고서와 분석의 일관성을 유지하는 데 매우 유용하다.

**02_오류처리** = IFERROR(1/0, "오류발생")

### ✅ 3. NOT

NOT 함수는 논리 연산에서 특정 조건을 반전시키는 데 사용된다. "IF, AND"에서 사용된 수식의 조건문에 NOT함수를 추가시켜 결과를 확인하자. 서로 반대의 결과로 출력되었다.

02_가정문_not = IF(NOT(AND('순위'[점수] 〉 80, '순위'[전체 순위] 〈 10)), "제외", "포함")


### ✅ 4. OR

OR 함수는 주어진 조건 중 하나라도 참(True)이면 참(True)을 반환한다.

04_가정문_or = IF(OR('순위'[점수] 〉 80, '순위'[전체 순위] 〈 10), "제외", "포함")


### ✅ 5. TRUE

TRUE 함수는 논리적인 참을 나타내는 값으로, 일반적으로 조건이 참일 때 반환되는 결과를 나타내며, FALSE는 조건이 거짓일 때 반환된다.

05_진실_거짓 = IF('순위'[점수] 〉75, TRUE(), false())


[6] 화면은 다음과 같다. 〈날짜〉 테이블의 [Date], [월], [연도], [일짜] 필드 기준으로 작성한다.

| Date | 월 | 연도 | 일짜 | 07_SWITCH_월 |
|------|----|------|------|------------|
| 2022-04-01 | 4 | 2022 | 1 | April |
| 2022-04-02 | 4 | 2022 | 2 | April |
| 2022-04-03 | 4 | 2022 | 3 | April |
| 2022-04-04 | 4 | 2022 | 4 | April |


### ✅ 6. SWITCH

SWITCH 함수는 조건부 함수로, 다양한 조건을 평가하고, 해당 조건에 따라 결과를 반환하는데 사용된다. 이 함수는 IF 함수의 확장형이라고 볼 수 있으며, 여러 개의 IF 문을 사용하는 것보다 훨씬 간결하고 읽기 쉽게 조건을 처리할 수 있다.

다음 수식은 〈날짜〉테이블의 [월]정보에 대해 1~12까지 해당월의 이름으로 반환하고, 그 외의 값에 대해서는 기본값으로 "Unknown month number"를 반환한다.

```
06_SWITCH_월 = SWITCH(
'날짜'[월],
1, "January",
2, "February",
3, "March",
4, "April",
5, "May",
6, "June",
7, "July",
8, "August",
    9, "September",
10, "October",
11, "November",
12, "December",
    "Unknown month number"
)
```

## 4 날짜 및 시간함수

[1~4] 화면은 다음과 같다. 〈날짜〉 테이블의 [Date] 필드를 작성한다.

| 01_Date | 02_Date | 03_date | 04_date_month |
|---------|---------|---------|---------------|
| 2022-01-01 | 2022-01-01 | 2024-07-19 | 35 |
| 2022-01-02 | 2022-01-02 | | |
| 2022-01-03 | 2022-01-03 | | |
| 2022-01-04 | 2022-01-04 | | |

### ✅ 1. CALENDAR

CALENDAR 함수는 시작 날짜와 끝 날짜를 지정하여 이 범위 내의 모든 날짜로 구성된 테이블을 반환한다. 이 함수를 활용하여 Power BI 내에서 동적인 날짜 테이블을 생성할 수 있으며, 시계열 데이터 분석, 트렌드 분석, 기간별 비교 등에 사용된다.

[모델링]-[계산] 그룹에서 [새 테이블]을 선택하고 수식 입력줄에 다음 수식을 입력하여 날짜 테이블을 작성한다. [테이블 보기]에서 생성된 〈Date_01〉 테이블의 결과를 확인할 수 있다.

Date_01 = CALENDAR (DATE (2022, 1, 1), DATE (2024, 12, 31))

### ✅ 2. CALENDARAUTO

CALENDARAUTO 함수는 특별한 매개변수가 필요하지 않으며 모델 내에서 사용 가능한 모든 테이블을 참조하여 가장 이른 날짜와 가장 늦은 날짜를 찾는다. 즉, 하나의 특정 테이블을 기준으로 하지 않고, 모든 테이블에 걸쳐 있는 날짜 데이터를 검토하여 이 날짜들 사이에 해당하는 완전한 날짜 테이블을 생성하므로 활용도가 높다.

[테이블 보기]창에서 [테이블 도구]-[계산] 그룹에서 [새 테이블]을 선택하고 수식 입력줄에 다음 수식을 입력한다.

TM_02_DateTable = CALENDARAUTO()

### ✅ 3. DATE

Power BI에서 DATE 함수는 특정 연도, 월, 일을 기반으로 날짜 값을 생성하는 데 사용된다. 분석을 위한 보고서나 대시보드에서 정확한 날짜를 구성할 때 매우 유용하다.

**03_date** = DATE(year(NOW()),MONTH(NOW()),day(NOW()))


### ✅ 4. DATEDIFF

DATEDIFF 함수는 두 날짜 간의 차이를 계산하여, 일, 주, 월, 년 등과 같은 특정 단위로 결과를 반환한다.

예시로 프로젝트 기간을 계산해 보도록 하자.

**04_date_month** = DATEDIFF(MIN('날짜'[Date]),Max('날짜'[Date]), MONTH)


〈Project〉테이블의 [StartDate]필드 값과 [EndDate]필드 값 사이의 총 월수를 계산하고 싶다면 다음과 같은 수식을 사용할 수 있다.

ProjectMonths = DATEDIFF(Project[StartDate], Project[EndDate], MONTH)

그 밖에 다양한 상황에 활용할 수 있다. 다음 수식을 참고하여 활용방법을 고민해 보자.

```
DATEDIFF(MIN( Calendar[Date] ), MAX( Calendar[Date], second ))
DATEDIFF(MIN( Calendar[Date] ), MAX( Calendar[Date], minute ))
DATEDIFF(MIN( Calendar[Date] ), MAX( Calendar[Date], hour ))
DATEDIFF(MIN( Calendar[Date] ), MAX( Calendar[Date], day ))
DATEDIFF(MIN( Calendar[Date] ), MAX( Calendar[Date], week ))
DATEDIFF(MIN( Calendar[Date] ), MAX( Calendar[Date], month ))
DATEDIFF(MIN( Calendar[Date] ), MAX( Calendar[Date], quarter ))
DATEDIFF(MIN( Calendar[Date] ), MAX( Calendar[Date], year ))
```

[5~7] 화면은 다음과 같다. 〈날짜〉 테이블의 [Date] 필드 기준으로 작성한다.

| Date | 05_Day | 06_date이후 | 07_월마지막날 |
|---|---|---|---|
| 2022-01-02 | | 2022-04-02 | 2022-01-31 |
| 2022-01-03 | | 2022-04-03 | 2022-01-31 |
| 2022-01-04 | | 2022-04-04 | 2022-01-31 |
| 2022-01-05 | | 2022-04-05 | 2022-01-31 |

### ✅ 5. DAY

날짜 값에서 '일(day)' 부분만을 추출하는 것으로 특정 날짜가 속한 달의 몇 번째 날인지를 숫자로 반환한다.

다음의 예시는 날짜가 "1"일이면 "1일"으로 그렇지 않으면 빈 값으로 반환하는 [05_Day] 필드를 생성한다.

**05_Day = IF(day('날짜'[Date])=1,"1일","")**

### ✅ 6. EDATE

EDATE 함수는 특정 날짜에서 지정된 개월 수만큼 더하거나 빼서 새로운 날짜를 계산하는 데 사용된다. 이 함수는 특히 금융 및 회계 분야에서 기간별 날짜 계산이 필요할 때 유용하게 활용된다.

다음 예시는 〈날짜〉테이블의 [날짜]필드 값으로 부터 3개월 이후 날짜를 반환한다.

**06_date이후 = EDATE('날짜'[Date],3)**

### ✅ 7. ENDOFMONTH

ENDOFMONTH 함수는 특정 날짜를 기준으로 월의 마지막 날짜를 계산할 때 유용하다.

**07_월마지막날 = ENDOFMONTH('날짜'[Date].[Date])**

[8~9] 화면은 다음과 같다. 〈날짜〉 테이블의 [Date] 필드 기준으로 작성한다.

| 08_년이전 | 09_근무일 |
|---|---|
| 61 | 23 |

### ✔ 8. TODAY, NOW, MONTH, HOUR, MINUTE

YEAR(TODAY())-1963

TODAY 함수는 시간 정보를 제외하고 오늘 날짜의 날짜 부분만을 반환한다.

다음 예시는 TODAY함수를 이용해 오늘날짜를 산출하고 YEAR 함수를 이용해 현재의 연도를 구한 후 1963을 뺌으로써 1963년부터 올해까지의 연도 차이를 계산한다.

NOW()

NOW 함수는 현재 시간을 반환한다.

MONTH('날짜'[날짜])

MONTH 함수는 주어진 시간 값에서 월(month)을 추출하는 데에 사용된다. 인자 값으로 주말의 기준과, 달력에서 제외할 날짜를 지정할 수 있다.

HOUR('날짜'[날짜])

HOUR 함수는 주어진 시간에서 "시(hour)" 부분을 추출하는 데 사용된다. 이 함수는 엑셀, SQL, Power BI 등 여러 데이터 처리 및 분석 도구에서 사용되며, 특정 시간 값에서 시간(24시간 형식)을 숫자로 반환한다. 이를 통해 시간 관련 데이터를 분석하거나 조건을 설정하는 데 도움을 준다. 주의 사항은 특정시간 값에 시간정보가 없을 경우에는 원하는 값을 추출할 수 없다.

MINUTE('날짜'[날짜])

MINUTE 함수는 주어진 시간 값에서 분(minute)을 추출하는 데에 사용된다.

**06_date_이후 = "EDATE('날짜'[날짜],3)"**

## ✅ 9. NETWORKDAYS

NETWORKDAYS 함수는 두 날짜 사이의 주말을 제외한 일 수를 계산할 때 유용하다. 인수 값으로 주말의 기준과, 달력에서 제외할 하나 이상의 날짜를 지정할 수 있다. 다음의 예시는 2024-07-01 ~ 2024-07-31사이의 근무일을 산출하기 위한 수식으로 주말은 기본값으로 지정하여 토요일, 일요일로 하였고, 휴일도 등록하지 않았다. 결과는 23일을 출력한다.

09_근무일 = NETWORKDAYS("2024-07-01","2024-07-31")

[10~11] 화면은 다음과 같다. 〈날짜〉 테이블의 [Date] 필드 기준으로 작성한다.

| Date | 10_주 | 11_1년후날짜 |
|---|---|---|
| 2022-01-03 | 2 | 2023-01-03 |
| 2022-01-04 | 2 | 2023-01-04 |
| 2022-01-05 | 2 | 2023-01-05 |

## ✅ 10. WEEKDAY, WEEKNUM, YEAR

WEEKDAY 함수는 주어진 날짜의 요일을 숫자로 반환하는 함수로, 주어진 날짜가 주의 몇 번째 날인지를 나타낸다. 일반적으로 일요일을 1로 하고 토요일을 7로 하는 값을 반환한다. Return_type은 2가지 유형 중에 선택이 가능하며 1 (기본값)은 일요일=1, 월요일=2, ..., 토요일=7을 의미하고 2는 월요일=1, ..., 일요일=7을 의미한다.

WEEKDAY([HireDate]+1)/요일 계산

WEEKNUM: WEEKNUM('날짜'[날짜]): 52주 중 계산
YEAR : YEAR(TODAY()): 연도 계산

## ✅ 11. DATEADD

DATEADD 함수는 특정 날짜에 일정 기간(일, 주, 월, 년 등)을 추가하여 새로운 날짜를 계산하는 데에 사용된다. 이 함수는 날짜 및 시간 연산에 유용하게 활용될 수 있다.

다음의 수식은 〈날짜〉 테이블의 [날짜] 필드로부터 1년 후의 날짜를 계산한다.

**11_1년후날짜 = "DATEADD('날짜'[날짜],1,YEAR)"**

[12] 화면은 다음과 같다. 〈제품〉 테이블의 [제품] 필드 기준으로 작성한다.

| 제품 | 12_2024년금액 |
|------|------|
| 딸기 | 62,261.50 |
| 땅콩 | 26,092.00 |
| 수박 | 45,027.10 |
| 오이 | 17,344.00 |
| 호박 | 45,178.00 |
| 합계 | 195,902.60 |

### ✅ 12. DATESBETWEEN

DATESBETWEEN 함수는 지정된 시작 날짜와 종료 날짜 사이의 모든 날짜를 포함하는 테이블을 반환한다. 이 함수는 시간 기반 데이터 분석에서 특정 기간 동안의 데이터를 필터링할 때 유용하게 사용된다.

다음 예시는 〈영업〉테이블의 [판매금액] 총합을 계산하는 수식으로 DATESBETWEEN 함수를 통해 〈날짜〉 테이블의 [날짜] 필드에서 2024년 1월 1일부터 2024년 12월 31일까지의 모든 날짜를 선택하여 계산한다.

**12_2024년금액 = CALCULATE(SUM('영업'[판매금액]), DATESBETWEEN('날짜'[Date], DATE(2024,1,1),DATE(2024,12,31)))**

### ✅ 13. DATESINPERIOD

DATESINPERIOD 함수는 지정된 기간 동안의 날짜를 포함하는 테이블을 반환한다. 이 함수는 특정 날짜로부터 시작하여 과거나 미래로 일정 기간 동안의 날짜를 계산할 때 유용하게 사용된다.

| 13_DATESINPERIOD |
|------|
| 4,504.00 |

다음식은 〈날짜〉 테이블의 [날짜]필드에서 2024년 6월 1일부터 시작하여 10일간의 날짜를 포함하는 범위를 생성한다.

13_DATESINPERIOD = CALCULATE(SUM('영업'[판매금액]),DATESINPERIOD('날짜'[date].[Date],DATE(2024,06,1),10,day))


### ✅ 14. DATESMTD

DATESMTD 함수는 주어진 날짜를 포함하는 월의 시작부터 현재 날짜까지의 기간에 해당하는 데이터를 계산하는 데에 사용된다. 〈날짜〉 테이블의 [연도], [월] 그룹으로 당월 매출을 계산한다.

| 연도 | 월 | 14_당월매출총액 |
|------|----|----------------|
| 2022 | 1  | 6,346.00 |
| 2022 | 2  | 5,792.00 |
| 2022 | 3  | 5,024.00 |
| 2022 | 4  | 8,922.00 |

14_당월매출총액 = CALCULATE(SUM('영업'[판매금액]), DATESMTD('영업'[날짜]))


### ✅ 15. DATESQTD

DATESQTD 함수는 월판매누계 산출과 동일한 기능으로 〈영업〉 테이블의 [판매금액] 필드에 대해 분기별 누적금액을 반환하다.

| 연도 | 분기 | 15_분기판매누계 |
|------|------|----------------|
| 2022 | 분기 1 | 17,162.00 |
| 2022 | 분기 2 | 23,832.00 |
| 2022 | 분기 3 | 17,484.00 |
| 2022 | 분기 4 | 14,158.00 |

15_분기판매합계 = CALCULATE(SUM('영업'[판매금액]), DATESQTD('날짜'[Date]))

[16-17] 화면은 다음과 같다. 〈날짜〉 테이블의 [Date] 필드 기준으로 작성한다.

| 연도 | 구매금액 | 판매금액 | 16_년판매 | 17_전년판매 |
|------|----------|----------|-----------|-------------|
| 2022 | 409,130 | 295,684 | 295,684.40 | |
| 2023 | 403,660 | 285,438 | 285,438.30 | 295,684 |
| 2024 | 274,480 | 195,903 | 195,902.60 | 285,438 |
| 합계 | 1,087,270 | 777,025 | 195,902.60 | 581,123 |

## ✅ 16. DATESYTD

DATESYTD 함수는 주어진 날짜를 포함하는 현재 연도의 시작부터 현재 날짜까지의 기간에 해당하는 데이터를 계산하는 데에 사용된다.

16_년판매누계 = CALCULATE(SUM('영업'[판매금액]), DATESYTD('날짜'[date]))

## ✅ 17. SAMEPERIODLASTYEAR

SAMEPERIODLASTYEAR 함수는 주어진 날짜 열에서 동일한 기간(일, 주, 월 등)을 가진 이전 또는 다음 기간의 데이터를 반환한다. 이 함수는 시간 간격을 유지하면서 데이터를 비교하거나 분석할 때 유용하게 활용된다. [새 측정값]을 추가하고 수식 입력창에 다음 식을 입력한다.

17_전년판매 = CALCULATE([총판매금액], SAMEPERIODLASTYEAR('날짜'[DATE]))

## ✅ 18. FIRSTDATE

FIRSTDATE 함수는 주어진 열에서 첫 번째로 나타나는 날짜를 반환한다. 이 함수는 특정 열의 날짜 데이터에서 가장 초기의 날짜를 찾을 때 유용하게 사용된다.

| 18_시작일자 |
|-------------|
| 2023-01-02 |

18_시작일자 = FIRSTDATE('영업'[날짜])

[19-21] 화면은 다음과 같다. 〈날짜〉 테이블의 [Date] 필드 기준으로 작성한다.

| Date | 10_주 | 11_1년후날짜 | 19_일합계누계 | | 연도 | 분기 | 20_분기판매누계 | | 연도 | 21_년판매누계 |
|------|------|------------|--------------|--|------|------|----------------|--|------|-------------|
| 2023-01-02 | 1 | 2024-01-02 | 2,809.50 | | 2023 | 분기 1 | 75,452.60 | | 2023 | 285,438.30 |
| 2023-01-03 | 1 | 2024-01-03 | 2,809.50 | | 2023 | 분기 2 | 63,461.20 | | 합계 | 285,438.30 |
| 2023-01-04 | 1 | 2024-01-04 | 2,809.50 | | 2023 | 분기 3 | 79,579.20 | | | |
| 2023-01-05 | 1 | 2024-01-05 | 2,809.50 | | 2023 | 분기 4 | 66,945.30 | | | |
| 2023-01-06 | 1 | 2024-01-06 | 4,816.00 | | 합계 | | 66,945.30 | | | |
| 2023-01-07 | 1 | 2024-01-07 | 4,816.00 | | | | | | | |

## ✅ 19. TOTALMTD

TOTALMTD 함수는 주어진 식을 현재 월의 시작일부터 특정 날짜까지 누적하여 계산한다. 이 함수는 월별 누적 합계를 계산하는 데 유용하다.

19_일월누계 = TOTALMTD(SUM('영업'[판매금액]),'날짜'[date]

## ✅ 20. TOTALQTD

TOTALQTD 함수는 주어진 식을 현재 분기의 시작일부터 특정 날짜까지 누적하여 계산한다.

20_분기판매누계 = TOTALQTD(suM('영업'[판매금액]),'날짜'[date])

## ✅ 21. TOTALYTD

TOTALYTD 함수는 주어진 식을 현재 연도의 시작일부터 특정 날짜까지 누적하여 계산한다. 이 함수는 연도별 누적 합계를 계산하는 데 유용하다.

21_년판매누계 = TOTALYTD(SUM('영업'[판매금액]),'날짜'[date])

**5** 테이블 조직/계산 함수

✔️ **1. ADDCOLUMNS**

ADDCOLUMNS 함수는 기존 테이블에 새로운 열을 추가하여 결과 테이블을 반환한다. 이 함수는 계산된 열을 추가하여 데이터를 확장하고, 특정 조건에 맞는 데이터를 계산할 때 매우 유용하다.

[모델링]-[계산]그룹의 [새테이블]을 클릭하고 수식 입력창에 다음과 같이 입력한다.

| 번호 | 날짜 | 제품 | 합계 01_차이금액개 |
|---|---|---|---|
| 5 | 2022-01-03 | 오이 | 300.00 |
| 6 | 2022-01-03 | 수박 | -60.00 |
| 7 | 2022-01-03 | 호박 | -80.00 |
| 8 | 2022-01-03 | 호박 | 140.00 |
| 9 | 2022-01-03 | 호박 | -160.00 |
| 10 | 2022-01-03 | 딸기 | 530.00 |
| 11 | 2022-01-07 | 호박 | 140.00 |
| 12 | 2022-01-07 | 오이 | 58.00 |
| 합계 | | | 310,244.70 |

〈TM_01_ADDCOLUMNS〉 테이블이 만들어지면서, 〈영업〉 테이블 정보를 갖고온다.

TM_01_ADDCOLUMNS = ADDCOLUMNS(

　'영업',

　"01_차이금액", '영업'[구매금액]-'영업'[판매금액]

　)

　**2. DISTINCT**

DISTINCT 함수는 특정 테이블 또는 열에서 중복되지 않는 고유 값을 반환하는 데 사용된다. 이 함수는 데이터에서 중복을 제거하고 고유한 값을 분석할 때 유용하다.

[새 측정값]을 추가하여 다음 수식을 입력하자 중복값을 제외하고 8개를 반환한다.

| 02_거래처수 |
|---|
| 8 |

02_거래처수 = COUNTROWS(DISTINCT('영업'[거래처]))

### ✅ 3. GROUPBY

GROUPBY 함수는 특정 열을 기준으로 테이블을 그룹화하고 요약하는 데 사용된다. [테이블 도구]-[계산]그룹의 [새 테이블]을 클릭하고 수식 입력창에 다음과 같이 입력한다. 〈TM_03_GROUPBY〉 테이블이 만들어지면서 〈영업〉테이블의 [거래처]를 기준으로 그룹화하고 각 그룹에 대해 판매금액 합계를 계산한다.

| 영업_거래처 | 03_합계금액 |
|---|---|
| 가나 | 12,030.00 |
| 고려 | 112,824.50 |
| 기성 | 59,637.30 |
| 삼상 | 299,129.30 |
| 우진 | 54,328.90 |
| 유진상사 | 99,769.90 |
| 현상 | 86,160.00 |
| 홍주 | 53,145.40 |

TM_03_GROUPBY = GROUPBY(
　'영업',
　'영업'[거래처],
　"03_합계금액", SUMX(CURRENTGROUP(),'영업'[판매금액])
)

### ✅ 4. RELATED

RELATED 함수는 현재 테이블에서 관련된 테이블의 값을 가져오는 데 사용된다. 이 함수는 두 테이블 간의 관계를 통해 연결된 데이터를 쉽게 접근할 수 있도록 도와준다. 〈영업〉테이블에 새 열을 추가하고 수식 입력창에 다음과 같이 입력한다.

| 번호 | 날짜 | 04_구분 |
|---|---|---|
| 30 | 2022-01-11 | 대 |
| 32 | 2022-01-15 | 대 |
| 37 | 2022-01-15 | 대 |

04_구분 = RELATED('제품'[구분])

### ✔️ 5. RELATEDTABLE

RELATEDTABLE 함수는 현재 테이블과 관련된 테이블의 값을 가져오는 데 사용된다. 이 함수는 두 테이블 간의 관계를 통해 연결된 데이터를 쉽게 접근할 수 있도록 도와준다.

05_영업판매 = SUMX(RELATEDTABLE('영업'),'영업'[판매금액])

### ✔️ 6. ROW

ROW 함수는 테이블에서 하나의 행을 나타내는 데 사용된다. 이 함수는 주로 새로운 테이블을 생성하거나 특정 조건에 따라 계산된 값을 반환할 때 활용된다. [테이블 도구]-[계산]그룹의 [새 테이블]을 선택하고 수식 입력창에 다음식을 입력하고 엔터를 누른다.

| 번호 | 이름 | 06_가격 |
|---|---|---|
| 101 | 생산 | 50 |

TM_06_ROW = ROW("번호", 101, "이름", "생산", "06_가격", 50)

### ✔️ 7. SUMMARIZE

SUMMARIZE 함수는 특정 테이블에서 그룹화된 데이터를 요약하는 데 사용된다. 이 함수를 사용하면 다양한 그룹화된 요약 정보를 생성하고 계산할 수 있다.

[새 테이블]을 추가하고 수식 입력창에 다음과 같이 입력한다.

| 제품 | 07_합계금액 |
|---|---|
| 딸기 | 248,500.00 |
| 땅콩 | 93,773.00 |
| 수박 | 172,709.30 |
| 오이 | 75,769.00 |
| 호박 | 186,274.00 |

```
TM_08_SUMMARIZE = SUMMARIZE(
    '영업',
    '영업'[제품],
    "07_합계금액", SUM('영업'[판매금액])
)
```

## ✅ 8. SUMMARIZECOLUMNS

SUMMARIZECOLUMNS 함수는 여러 열을 기준으로 데이터를 그룹화하고 계산된 열을 생성하는 데 사용된다. SUMMARIZECOLUMNS 함수는 보다 동적이고 유연한 방식으로 데이터를 요약하고 분석하는 데 유용하다. [새 테이블]을 추가하고 수식 입력 창에 다음과 같이 입력한다.

〈영업〉 테이블의 [거래처]필드와 〈날짜〉 테이블의 [년] 기준으로 그룹핑하고 〈영업〉 테이블의 [판매금액] 합계를 출력한다.

| 거래처 | 연도 | 08_거래처_판매 |
|------|------|------------|
| 가나 | 2022 | 4,075 |
| 가나 | 2023 | 4,485 |
| 가나 | 2024 | 3,470 |
| 고려 | 2022 | 47,145 |
| 고려 | 2023 | 39,350 |
| 고려 | 2024 | 26,330 |
| 기성 | 2022 | 18,031 |

```
TM_08_SUMMARIZE = SUMMARIZE(
    '영업',
    '영업'[제품],
    "07_합계금액", SUM('영업'[판매금액])
)
```

## ✅ 9. TOPN

TOPN 함수는 특정 기준에 따라 상위 N개의 항목을 반환하는 데 사용된다. 이 함수를 사용하면 데이터를 필터링하거나 정렬하여 원하는 상위 N개의 결과를 얻을 수 있다.

[새 테이블]을 추가하고 수식 입력창에 다음과 같이 등록한다.

〈영업〉테이블의 최근 [번호] 값을 내림차순으로 정렬하고 상위 5개를 출력한다.

| 번호 | 날짜 | 거래처 | 제품 | 09_판매금액 |
|------|------|--------|------|-------------|
| 2456 | 2024-08-28 오전 12:00:00 | 삼상 | 땅콩 | 200.00 |
| 2457 | 2024-08-28 오전 12:00:00 | 홍주 | 땅콩 | 36.00 |
| 2458 | 2024-08-28 오전 12:00:00 | 삼상 | 오이 | 400.00 |
| 2459 | 2024-08-28 오전 12:00:00 | 삼상 | 수박 | 92.00 |
| 2460 | 2024-08-28 오전 12:00:00 | 고려 | 호박 | 200.00 |

## ✅ 10. UNION

UNION 함수는 두 개 이상의 테이블을 수직으로 결합(합 집합)하여 새로운 테이블을 생성하는 데 사용된다. 이 함수는 각 테이블의 모든 행을 합치되, 중복되는 행을 제거하지 않는 것이 기본 동작이다. UNION은 두 개의 테이블이 동일한 스키마, 즉 동일한 열 구조를 가지고 있어야 제대로 작동한다.

다음 수식은 〈거래처〉 테이블과 〈거래처〉 테이블을 결합한 결과로 거래처 정보가 두 번 반복된 것을 확인할 수 있다. 일반적으로는 열 구조가 동일한 서로 다른 테이블 간의 결합을 목적으로 활용된다. 월별로 정리된 생산실적 정보를 결합하거나, 여러 지역의 판매 데이터를 하나로 합치고 싶을 때에도 사용할 수 있다.

| 거래처 | 지역 | 대표 | 업종 |
|--------|------|------|------|
| 가나 | 서울 | 우수 | 서비스 |
| 기성 | 서울 | 마수 | 서비스 |
| 우진 | 대구 | 기천 | 서비스 |
| 유진상사 | 대전 | 유진 | 서비스 |
| 홍주 | 전라남도 | 기수천 | 서비스 |

TM_10_UNION = UNION('거래처', '거래처')

## ✔ 11. VALUES

VALUES 함수는 특정 열에서 고유한 값을 반환한다. 이 함수는 주어진 열에서 중복되지 않는 값을 가져오거나, 특정 필터링 조건에 따라 데이터를 분석할 때 유용하게 사용된다. 다음 식은 〈영업〉 테이블에서 [제품] 필드의 고유한 값을 가져온다.

| 제품 | 판매가 | 11_숫자화 |
|------|------|--------|
| 딸기 | 350 | 300.00 |
| 땅콩 | 100 | 80.00 |
| 수박 | 230 | 200.00 |
| 오이 | 100 | 70.00 |
| 호박 | 200 | 160.00 |

11_숫자화 = VALUES('영업'[제품])

## 6 필터 함수

### ✅ 1. ALL

ALL 함수는 특정 테이블 또는 열에서 모든 필터를 제거하여 전체 데이터를 반환하는 데 사용된다. 이 함수는 주로 계산에서 필터 컨텍스트를 무시하거나 초기화할 때 사용된다. 다음 식은 〈영업〉 테이블의 [판매금액] 합계를 구하는데 〈영업〉테이블에 필터를 적용하지 않는다는 의미로 해석된다.

| 01_전체판매금액 |
|---|
| 777,025 |

**01_전체판매금액 = SUMX(ALL('영업'),'영업'[판매금액])**

### ✅ 2. ALLEXCEPT

ALLEXCEPT함수는 지정된 열에 대해서만 필터링이 유지되며, 다른 모든 데이터는 필터링 없이 전체 데이터로 처리된다. 다음 예시에서 〈영업〉테이블의 [판매금액] 합계를 구하는데 〈날짜〉 테이블의 [년] 필드 정보에 대해서만 필터링을 적용하고 다른 모든 차원의 필터는 해제된다. 즉, 해당 연도의 판매금액 합계를 볼 수 있다.

| 연도 | 02_년합계 |
|---|---|
| 2022 | 295,684.40 |
| 2023 | 285,438.30 |
| 2024 | 195,902.60 |
| 합계 | 777,025.30 |

**02_년합계 = CALCULATE(SUM('영업'[판매금액]), ALLEXCEPT('날짜', '날짜'[연도]))**

### ✅ 3. ALLSELECTED

ALLSELECTED 함수는 현재 필터링된 상태에서 지정된 열이나 테이블의 모든 값을 반환한다. 주로 상호작용 필터링에 의해 선택된 상태를 유지하면서 전체 데이터를 비교하거나 계산할 때 사용된다. [새 측정값]을 추가하고 수식 입력창에 다음 식을 입력한다. 다음 예제는 [거래처] 및 [연도] 그룹으로 거래처별 판매금액의 합을 보여준다.

| 거래처 | 연도 | 03_거래처_판매 |
|---|---|---|
|  | 2022 | 188,721 |
|  | 2023 | 185,860 |
|  | 2024 | 123,533 |
| 가나 | 2022 | 4,075 |
| 가나 | 2023 | 4,485 |
| 가나 | 2024 | 3,470 |
| 기성 | 2022 | 18,031 |

**03_거래처_판매 = CALCULATE(SUM('영업'[판매금액]),ALLSELECTED('영업'[거래처]))**


### ✅ 4. CALCULATE

CALCULATE 함수는 데이터 모델에서 특정 계산을 수행하거나 필터를 적용하여 계산된 결과를 반환하는 역할을 한다. 주로 데이터 집계, 필터링, 행렬 수정 등 다양한 분석 작업에 사용된다.

이 예제에서는 SUM(Sales[Amount])을 사용하여 판매 금액의 합계를 계산하고, 날짜 [연도] = 2023년 데이터만 필터링되어 계산한다.

04_2023_판매
285,438.30

**04_2023_판매 = CALCULATE(SUM('영업'[판매금액]), '날짜'[연도] = 2023)**


### ✅ 5. FILTER

FILTER 함수는 데이터를 필터링하거나 조건에 따라 특정 행을 선택하는 데 사용된다. 이 함수는 특정 테이블 또는 테이블의 열을 기반으로 필터링 조건을 적용한 결과를 반환한다. 이미 AVERAGEX 함수의 [거래처평균금액]에서 〈영업〉테이블의 [거래처]필드 값이 "삼상"인 값들을 필터링 하여 평균금액을 계산한다.

| 05_특정_거래필터 |
|---|
| 334 |

**05_특정_거래필터 = AVERAGEX(FILTER('영업','영업'[거래처]="삼상"),'영업'[판매금액])**

### ✅ 6. KEEPFILTERS

KEEPFILTERS 함수는 적용된 필터를 유지하면서 다른 계산을 수행할 때 유용하게 활용된다. 예를 들어, 특정 기간 동안의 판매 금액을 계산하되, 기존에 적용된 다른 필터(예: 제품, 구분 등)를 그대로 유지하고 싶은 경우에 KEEPFILTERS 함수가 사용될 수 있다,

| 번호 | 날짜 | 거래처 | 제품 | 구매금액 | 06_판매금액 |
|---|---|---|---|---|---|
| 2 | 2022-01-03 | 삼상 | 오이 | 70 | 100.00 |
| 3 | 2022-01-03 | 삼상 | 땅콩 | 320 | 40.00 |
| 4 | 2022-01-03 | 삼상 | 오이 | 280 | 400.00 |
| 5 | 2022-01-03 | 삼상 | 오이 | 350 | 50.00 |
| 7 | 2022-01-03 | 삼상 | 호박 | 320 | 400.00 |
| 9 | 2022-01-03 | 삼상 | 호박 | 640 | 800.00 |

[새 테이블]을 다음과 같이 입력한다.

**TM_06_keepfilter_ex = CALCULATETABLE('영업', KEEPFILTERS('영업'[거래처] = "삼상"))**

### ✅ 7. RANKX

RANKX 함수는 데이터를 특정 기준에 따라 순위를 매기는 데 사용된다. 〈순위〉 테이블에 새 열을 추가하고 수식 입력창에 다음 수식을 입력한다.

| 번호 | 이름 | 점수 | 07_전체 순위 |
|---|---|---|---|
| 1 | 가나 | 43 | 2 |
| 2 | 홍주 | 77 | 7 |
| 3 | 기성 | 56 | 5 |
| 4 | 우진 | 78 | 8 |
| 5 | 상사 | 55 | 4 |
| 6 | 고려 | 45 | 3 |
| 7 | 삼상 | 33 | 1 |
| 8 | 현상 | 43 | 2 |

**전체 순위 = RANKX('순위','순위'[점수],,ASC,Dense)**

〈순위〉테이블의 [점수] 필드 값을 오름차순(ASC)으로 정렬하고 동일점수에 대해서는 같은 순위를 부여하고 그 다음 순위는 연속되어 부여된다.

## ✅ 8. REMOVEFILTERS

REMOVEFILTERS 함수는 데이터 모델에서 특정 필터를 제거하는 데 사용된다. 주로 CALCULATE 함수와 함께 사용되어 필터 컨텍스트를 변경하거나 제거함으로써 원하는 계산을 수행할 수 있게 한다.

| 08_Total Sales (특정필터제거) |
|---|
| 777,025 |

〈거래처〉테이블의 [지역]필드에 적용된 모든 필터를 제거하고 전체 [판매금액] 데이터 합계를 계산한다.

**08_Total Sales** (특정필터제거) = CALCULATE( SUM('영업'[판매금액]), REMOVEFILTERS('거래처'[지역]) )

## ✅ 9. SELECTEDVALUE

SELECTEDVALUE 함수는 컨텍스트 내에서 단일 값이 선택된 경우 해당 값을 반환하고, 그렇지 않은 경우 기본 값을 반환하는 데 사용된다. 보고서에서 특정 필터링 상황을 처리하거나 사용자 인터페이스에서 선택된 값을 활용하는 데 유용하다.

| 번호 | 날짜 | 거래처 | 09_특정값 반환 |
|---|---|---|---|
| 1 | 2022-01-03 | 가나 | 가나 |
| 46 | 2022-01-19 | 가나 | 가나 |
| 105 | 2022-01-31 | 가나 | 가나 |
| 116 | 2022-02-04 | 가나 | 가나 |
| 169 | 2022-02-24 | 가나 | 가나 |
| 237 | 2022-03-24 | 가나 | 가나 |

**09_특정값 반환** = SELECTEDVALUE('영업'[거래처])

단일 값이 선택된 경우 해당 값을 반환하고, 그렇지 않으면 'BLANK'를 반환한다.

| 01_FV | 02_이자지불액 | 03_상환기간 | 04_월간납입금 | 05_원금상환금액 | 06_현재가치 | 07_수익율 |
|---|---|---|---|---|---|---|
| 8,083,966.96 | -416,666.67 | 430.92 | -1,887,123.36 | -1,470,456.70 | 2,649,535.32 | 0.35 |

### ✅ 1. FV

FV 함수는 일정한 이율로 정기적으로 일정 금액을 저축하거나 투자할 때 미래 가치 (Future Value)를 계산한다. 이 함수는 주로 재무 계획 및 분석에서 사용된다.

다음 예시는 매월 100,000원을 5년 동안 연이율 5%로 투자하고 초기 투자금이 1,000,000원일 경우 미래 가치를 계산한다.

**01_FV = FV(0.05/12, 5*12, -100000, -1000000)**

### ✅ 2. IPMT

IPMT 함수는 특정 기간 동안의 대출이나 투자에 대한 이자 지불액을 계산한다. 이 함수는 정기적으로 일정한 금액을 지불하는 대출의 이자 부분을 구하는 데 유용하다.

다음 식은 5년 동안 연이율 5%로 1억 원을 빌렸을 때 첫 번째 기간의 이자를 계산한다.

**02_이자지불액 = IPMT(0.05/12, 1, 5*12, 100000000)**

### ✅ 3. NPER

NPER 함수는 일정한 금액을 정기적으로 지불하거나 수령할 때 필요한 총 지불 횟수(기간 수)를 계산한다. 대출 상환 계획이나 투자 계획에서 중요한 역할을 한다.

다음 식은 연이율 5%로 매월 50만 원을 지불하면서 1억 원의 대출을 상환하는 데 필요한 기간 수를 계산한다.

**03_상환기간 = NPER(0.05/12, -500000, 100000000)**

## ✅ 4. PMT

PMT 함수는 대출이나 투자의 월간 상환액을 계산하는 데 사용된다. 이 함수는 주어진 이자율과 기간에 따라 주어진 대출 금액을 상환하는 월간 납입금을 계산하는 데 유용하다.

다음 식은 연이율 5%로 5년 동안 1억 원을 대출받았을 때 월 상환액을 계산한다.

04_월간납입금 = PMT(0.05/12, 5*12, 100000000)

## ✅ 5. PPMT

PPMT 함수는 대출이나 투자의 월별 원금 상환액을 계산하는 데 사용된다. 이 함수는 대출의 월별 납입 금액 중에서 이자를 제외한 원금 상환 부분을 계산할 때 유용하다.

다음 식은 연이율 5%로 5년 동안 1억 원을 대출받았을 때 첫 번째 기간의 원금 상환액을 계산한다.

05_원금상환금액 = PPMT(0.05/12, 1, 5*12, 100000000)

## ✅ 6. PV

PV 함수는 투자의 현재 가치를 계산하는 데 사용된다. 이 함수는 특정 기간 동안 일정한 이자율을 적용하여 미래의 현금 흐름을 현재의 가치로 할인하는 방식으로 작동한다.

다음 식은 연이율 5%로 매월 5만 원을 5년 동안 저축할 때, 현재 [저축 가치]를 계산한다.

06_현재가치 = PV(0.05/12, 5*12, -50000)

## ✅ 7. RATE

RATE 함수는 투자의 내부 수익률(IRR, Internal Rate of Return)을 계산하는 데 사용된다. 내부 수익률은 특정 투자 또는 프로젝트의 수익성을 평가하는 데 사용되며, 투자에 대한 예상 수익률을 나타낸다.

다음 수식은 5년 동안 매년 -1000원을 투자하고, 최종적으로 10,000원을 수령하는 경우

의 수익율을 계산한다.(투자는 마이너스로 계산)

07_수익율 = RATE(5, -1000, 0, 10000)

### ✅ 8. HASONEFILTER

HASONEFILTER 함수는 현재 필터 컨텍스트에서 특정 열이나 테이블에 대해 단일 필터가 적용되었는지 여부를 확인하는 데 사용된다. 보통 조건부 계산이나 비교 연산에서 필터 적용 여부를 체크할 때 유용하게 활용된다.

다음식은 〈영업〉 테이블의 [날짜]필드에 단일필터 또는 다중필터 적용을 확인하고 결과를 반환한다.

| 번호 | 날짜 | 거래처 | 08_필터적용상태 |
|---|---|---|---|
| 1 | 2022-01-03 | 가나 | 단일 필터 적용 |
| 2 | 2022-01-03 | 삼상 | 단일 필터 적용 |
| 3 | 2022-01-03 | 삼상 | 단일 필터 적용 |
| 4 | 2022-01-03 | 삼상 | 단일 필터 적용 |

08_필터적용상태 = IF(

HASONEFILTER('영업'[날짜]),

"단일 필터 적용",

"다중 필터 적용"

)

[9~13] 화면은 다음과 같다. 〈영업〉 테이블의 [번호], [날짜], [제품] 기준으로 작성한다.

| 번호 | 날짜 | 제품 | 09_제품명오류 | 10_판매총액 | 11_필터링여부 |
|---|---|---|---|---|---|
| 1 | 2022-01-03 | 오이 | 오이 | 777025 | 해당 열이 필터링되지 않음 |
| 2 | 2022-01-03 | 오이 | 오이 | 777025 | 해당 열이 필터링되지 않음 |
| 3 | 2022-01-03 | 땅콩 | 땅콩 | 777025 | 해당 열이 필터링되지 않음 |
| 4 | 2022-01-03 | 오이 | 오이 | 777025 | 해당 열이 필터링되지 않음 |

## ✔ 9. ISBLANK

ISBLANK 함수는 특정 셀의 값이 비어 있거나 빈 문자열인지 여부를 확인하는 데 사용된다. 주로 데이터의 유효성을 검사하거나 조건부 로직에서 활용된다.

다음 식은 〈영업〉 테이블의 [제품] 필드가 비어 있으면 "제품명 없음"으로, 값이 있으면 제품명 값으로 [제품명오류]필드를 생성한다.

**09_제품명오류 = IF(ISBLANK('영업'[제품]), "제품명 없음", '영업'[제품])**

## ✔ 10. ISERROR

ISERROR 함수는 특정 셀이나 수식의 결과가 에러 값을 반환하는지 여부를 확인하는 데 사용된다. 이 함수는 주로 데이터의 유효성을 검사하거나 오류 처리를 위해 활용된다.

다음 식은 〈영업〉 테이블의 [판매금액] 합이 에러 값을 반환하면 공백처리를 하고, 그렇지 않을 때 〈영업〉테이블의 [판매금액] 필드 값의 합계를 구한다.

**10_판매총액 = IF(ISERROR(SUM('영업'[판매금액])), BLANK(), SUM('영업'[판매금액]))**

## ✔ 11. ISFILTERED

ISFILTERED 함수는 특정 열이나 테이블이 현재 필터링 되었는지 여부를 확인하는 데 사용된다. 이 함수는 주로 조건부 로직을 구현하거나 데이터를 필터링한 상태에서 다른 계산을 수행할 때 유용하게 활용된다.

다음식은 〈영업〉테이블의 [제품]열이 필터링 되었는지 여부를 반환한다.

**11_필터링여부 =**
  **IF(**
    **ISFILTERED('영업'[제품]),**
    **"해당 열이 필터링됨",**
    **"해당 열이 필터링되지 않음"**
  **)**

### ✅ 12. ISNUMBER

ISNUMBER는 특정 값이 숫자인지 여부를 판별하는 데 사용된다. 이 함수는 주어진 값이 숫자일 경우 TRUE를 반환하고, 그렇지 않으면 FALSE를 반환한다.

| 거래처 | 대표 | 지역 | 12_텍스트여부 |
| --- | --- | --- | --- |
| 가나 | 우수 | 서울 | Is Not number |
| 기성 | 마수 | 서울 | Is Not number |
| 우진 | 기천 | 대구 | Is Not number |
| 유진상사 | 유진 | 대전 | Is Not number |
| 홍주 | 기수천 | 전라남도 | Is Not number |

12_텍스트여부 = IF(ISNUMBER('거래처'[거래처]), "Is number", "Is Not number")


### ✅ 13. BLANK

BLANK 함수는 빈 값을 나타내는 데 사용된다. 일반적으로 데이터 모델에서 NULL 값을 대체하거나, 계산식에서 빈 값을 나타내는 데 유용하다.

13_MyValue = BLANK()

# DAX 주요 함수표

## 1 Date and time functions

| 번호 | 함수 | 예제 | 설명 |
|---|---|---|---|
| 1 | CALENDAR | CALENDAR (DATE (2005, 1, 1), DATE (2015, 12, 31)) | 날짜 차이 구하기 |
| 2 | CALENDARAUTO | CALENDARAUTO([fiscal_year_end_month]) | 최종마지막날 |
| 3 | DATE | DATE(2009,7,8) | 날짜 구하기 |
| 4 | DATEDIFF | DATEDIFF(MIN( Calendar[Date] ), MAX( Calendar[Date], second ) )<br>DATEDIFF(MIN( Calendar[Date] ), MAX( Calendar[Date], minute ) )<br>DATEDIFF(MIN( Calendar[Date] ), MAX( Calendar[Date], hour ) )<br>DATEDIFF(MIN( Calendar[Date] ), MAX( Calendar[Date], day ) )<br>DATEDIFF(MIN( Calendar[Date] ), MAX( Calendar[Date], week ) )<br>DATEDIFF(MIN( Calendar[Date] ), MAX( Calendar[Date], month ) )<br>DATEDIFF(MIN( Calendar[Date] ), MAX( Calendar[Date], quarter ) )<br>DATEDIFF(MIN( Calendar[Date] ), MAX( Calendar[Date], year ) ) | 연원일 및 차이 구하기 |
| 5 | DATEVALUE | DATEVALUE("8/1/2009") | 텍스트를 날짜로 |

| 번호 | 함수 | 예제 | 설명 |
|---|---|---|---|
| 6 | DAY | IF( DAY([SalesDate])=10,"promotion","") | 판매일이 10일이면 프로모션 |
| 7 | EDATE | EDATE([TransactionDate],3) | 3개월 후 |
| 8 | EOMONTH | EOMONTH("March 3, 2008",1.5) | 해당월 마지막날짜 |
| 9 | HOURㅍ | HOUR("March 3, 2008 3:00 PM") | 시간구하기 |
| 10 | MINUTE | MINUTE("March 23, 2008 1:45 PM") | 분 구하기 |
| 11 | MONTH | MONTH("March 3, 2008 3:45 PM") | 월 구하기 |
| 12 | NOW | NOW()+3.5 | 현재 날짜 시간 구하기 |
| 13 | SECOND | SECOND('Orders'[TransactionTime]) | 초 구하기 |
| 14 | TIME | TIME([intHours],[intMinutes],[intSeconds]) | 시분초 |
| 15 | TIMEVALUE | TIMEVALUE("20:45:30") | 텍스트 시간을 일반 시간 변환 |
| 16 | TODAY | YEAR(TODAY())-1963 | 오늘 구하기 |
| 17 | WEEKDAY | WEEKDAY([HireDate]+1) | 요일 숫자 계산 |
| 18 | WEEKNUM | WEEKNUM('Employees'[HireDate]) | 52주중 주 계산 |
| 19 | YEAR | YEAR(TODAY()) | 연도 계산 |

## ② Time-intelligence functions

| 번호 | 함수 | 예제 | 설명 |
|---|---|---|---|
| 1 | DATEADD | DATEADD(DateTime[DateKey],-1,year) | 지정된간격을 연도 차이 구하기 |
| 2 | DATESBETWEEN | CALCULATE(SUM(InternetSales_USD[SalesAmount_USD]), DATESBETWEEN(DateTime[DateKey], DATE(2007,6,1), DATE(2007,8,31) )) | 구간의 합계산 |

| 번호 | 함수 | 예제 | 설명 |
|---|---|---|---|
| 3 | DATESINPERIOD | CALCULATE(SUM(InternetSales_USD[SalesAmount_USD]),DATESINPERIOD(DateTime[DateKey],DATE(2007,08,24),-21,day)) | 구간의 합계산 |
| 4 | DATESMTD | CALCULATE(SUM(InternetSales_USD[SalesAmount_USD]), DATESMTD(DateTime[DateKey])) | 해당월 기준부터 해당일 사이 합계산 |
| 5 | DATESQTD | CALCULATE(SUM(InternetSales_USD[SalesAmount_USD]), DATESQTD(DateTime[DateKey])) | 해당 분기부터 해당일 사이 계산 |
| 6 | DATESYTD | CALCULATE(SUM(InternetSales_USD[SalesAmount_USD]), DATESYTD(DateTime[DateKey])) | 해당 연도부터 일 사이까지 계산 |
| 7 | ENDOFMONTH | ENDOFMONTH(DateTime[DateKey]) | 해당월의 마지막 날짜 |
| 8 | ENDOFQUARTER | ENDOFQUARTER(DateTime[DateKey]) | 해당분기의 마지막 날짜 |
| 9 | ENDOFYEAR | ENDOFYEAR(DateTime[DateKey],"06/30/2004") | 해당년의 마지막 날짜 |
| 10 | FIRSTDATE | FIRSTDATE('InternetSales_USD'[SaleDateKey]) | 비어 있지 않은 첫 번째 날짜 |
| 11 | FIRSTNONBLANK | FIRSTNONBLANK('InternetSales_USD'[SaleDateKey]) | 식이 비어 있지 않은 열의 첫 번째 값 |
| 12 | LASTDATE | LASTDATE('InternetSales_USD'[SaleDateKey]) | 비어 있지 않은 마지막 날짜 |
| 13 | LASTNONBLANK | LASTNONBLANK('InternetSales_USD'[SaleDateKey],식) | 식이 비어 있지 않은 마지막 값 |
| 14 | NEXTDAY | CALCULATE(sum('영업'[정상금액]),NEXTDAY('영업'[날짜])) | 다음날 합계 가져오기 |
| 15 | NEXTMONTH | CALCULATE(SUM(InternetSales_USD[SalesAmount_USD]), NEXTMONTH('DateTime'[DateKey])) | 다음달의 합계 |
| 16 | NEXTQUARTER | CALCULATE(SUM(InternetSales_USD[SalesAmount_USD]), NEXTQUARTER('DateTime'[DateKey])) | 다음 분기의 합계 |
| 17 | NEXTYEAR | CALCULATE(SUM(InternetSales_USD[SalesAmount_USD]), NEXTYEAR('DateTime'[DateKey])) | 다음년의 합계 |
| 18 | OPENINGBALANCEMONTH | OPENINGBALANCEMONTH(SUMX(ProductInventory, ProductInventory[UnitCost]*ProductInventory[UnitsBalance]),DateTime[DateKey]) | 전달의 마지막날 금액 |

| 번호 | 함수 | 예제 | 설명 |
|---|---|---|---|
| 19 | OPENINGBALANCE QUARTER | OPENINGBALANCEQUARTER(SUMX(ProductInventory,ProductInventory[UnitCost]*ProductInventory[UnitsBalance]),DateTime[DateKey]) | 전 분기의 마지막날 금액 |
| 20 | OPENINGBALANCE YEAR | OPENINGBALANCEYEAR(SUMX(ProductInventory,ProductInventory[UnitCost]*ProductInventory[UnitsBalance]),DateTime[DateKey]) | 전년도의 마지막날 금액 |
| 21 | PARALLELPERIOD | CALCULATE(SUM(InternetSales_USD[SalesAmount_USD]), PARALLELPERIOD(DateTime[DateKey],-1,year)) | 전년도의 합계 |
| 22 | PREVIOUSDAY | CALCULATE(SUM(InternetSales_USD[SalesAmount_USD]), PREVIOUSDAY('DateTime'[DateKey])) | 전일 금액 합계 |
| 23 | PREVIOUSMONTH | CALCULATE(SUM(InternetSales_USD[SalesAmount_USD]), PREVIOUSMONTH('DateTime'[DateKey])) | 전월 금액 합계 |
| 24 | PREVIOUSQUARTER | CALCULATE(SUM(InternetSales_USD[SalesAmount_USD]), PREVIOUSQUARTER('DateTime'[DateKey])) | 전 분기 금액 합계 |
| 25 | PREVIOUSYEAR | CALCULATE(SUM(InternetSales_USD[SalesAmount_USD]), PREVIOUSYEAR('DateTime'[DateKey])) | 전년도의 합계 |
| 26 | SAMEPERIODLAST YEAR | CALCULATE(SUM(ResellerSales_USD[SalesAmount_USD]), SAMEPERIODLASTYEAR(DateTime[DateKey])) | 전년도 날짜의 합계 계산 |
| 27 | STARTOFMONTH | STARTOFMONTH(DateTime[DateKey]) | 해당 월 시작일 |
| 28 | STARTOFQUARTER | STARTOFQUARTER(DateTime[DateKey]) | 해당 분기의 시작일 |
| 29 | STARTOFYEAR | STARTOFYEAR(DateTime[DateKey]) | 해당 년의 시작일 |
| 30 | TOTALMTD | TOTALMTD(SUM(InternetSales_USD[SalesAmount_USD]),DateTime[DateKey]) | 해당일 합계값 |
| 31 | TOTALQTD | TOTALQTD(SUM(InternetSales_USD[SalesAmount_USD]),DateTime[DateKey]) | 해당일 합계값 |
| 32 | TOTALYTD | TOTALYTD(SUM(InternetSales_USD[SalesAmount_USD]),DateTime[DateKey]) | 해당일 합계값 |

| 번호 | 함수 | 예제 | 설명 |
|---|---|---|---|
| 1 | ADDMISSINGITEMS | | |
| 2 | ALL | =SUMX(ResellerSales_USD, ResellerSales_USD[SalesAmount_USD])/CALCULATE( SUM( ResellerSales_USD[SalesAmount_USD]), ALL(ProductCategory[ProductCategoryName])) | 전체를 선택 |
| 3 | ALLCROSSFILTERED | | |
| 4 | ALLEXCEPT | CALCULATE(SUM(ResellerSales_USD[SalesAmount_USD]), ALLEXCEPT(DateTime, DateTime[CalendarYear])) | 해당년도의 데이터를 제외 합계 |
| 5 | ALLNOBLANKROW | // Countrows ALLNOBLANK of datetime<br>= COUNTROWS(ALLNOBLANKROW('DateTime'))<br><br>// Countrows ALL of datetime<br>= COUNTROWS(ALL('DateTime'))<br><br>// Countrows ALLNOBLANKROW of ResellerSales_USD<br>=COUNTROWS(ALLNOBLANKROW('ResellerSales_USD'))<br><br>// Countrows ALL of ResellerSales_USD<br>=(('ResellerSales_USD')) | 같은 종류별 총개수 환산 |
| 6 | ALLSELECTED | | |
| 7 | CALCULATE | ( SUM('ResellerSales_USD'[SalesAmount_USD]))<br>/CALCULATE( SUM('ResellerSales_USD'[SalesAmount_USD]),ALL('ResellerSales_USD')) | 계산 공식 |
| 8 | CALCULATETABLE | SUMX( CALCULATETABLE('InternetSales_USD', 'DateTime'[CalendarYear]=2006),[SalesAmount_USD]) | 조건 합계 계산 |
| 9 | CROSSFILTER function | | |
| 10 | DISTINCT | EVALUATE DISTINCT( { (1, "A"), (2, "B"), (1, "A") } ) | 테이블 구분 만들기 |

| 번호 | 함수 | 예제 | 설명 |
|---|---|---|---|
| 11 | EARLIER | COUNTROWS(FILTER(ProductSubcategory, EARLIER( ProductSubcategory[TotalSubcategorySales])〈ProductS ubcategory[TotalSubcategorySales]))+1 | |
| 12 | EARLIEST | | |
| 13 | FILTER | SUMX(FILTER('InternetSales_USD', RELATED('SalesTer ritory'[SalesTerritoryCountry])〈〉"United States") | |
| 14 | FILTERS | COUNTROWS(FILTERS(ResellerSales_ USD[ProductKey])) | 해당 중복 제거된 값의 개수 |
| 15 | KEEPFILTERS | EVALUATE ROW(<br>　"$$ in WA"<br>　　, CALCULATE('Internet Sales'[Internet Total Sales]<br>　　　　, 'Geography'[State Province Code]="WA"<br>　　　)<br>　, "$$ in WA and OR"<br>　　, CALCULATE('Internet Sales'[Internet Total Sales]<br>　　　　, 'Geography'[State Province Code]="WA"<br>　　　　　|| 'Geography'[State Province Code]="OR"<br>　　　)<br>　, "$$ in WA and BC"<br>　　, CALCULATE('Internet Sales'[Internet Total Sales]<br>　　　　, 'Geography'[State Province Code]="WA"<br>　　　　　|| 'Geography'[State Province Code]="BC"<br>　　　)<br>　, "$$ in WA and OR ??"<br>　　, CALCULATE(<br>　　　　CALCULATE('Internet Sales'[Internet Total Sales]<br>　　　　　,'Geography'[State Province Code]="WA"<br>　　　　　　|| 'Geography'[State Province Code]="OR"<br>　　　　)<br>　　　, 'Geography'[State Province Code]="WA"<br>　　　　|| 'Geography'[State Province Code]="BC"<br>　　　)<br>　, "$$ in WA !!"<br>　　, CALCULATE(<br>　　　　CALCULATE('Internet Sales'[Internet Total Sales]<br>　　　　　, KEEPFILTERS('Geography'[State Province Code]="WA"<br>　　　　　　|| 'Geography'[State Province Code]="OR" | 해당 값의 그룹 합계 표시 |

| 번호 | 함수 | 예제 | 설명 |
|---|---|---|---|
| | | ) | |
| | | ) | |
| | | , 'Geography'[State Province Code]="WA" | |
| | | \|\| 'Geography'[State Province Code]="BC" | |
| | | ) | |
| | | ) | |
| 16 | RELATED | SUMX(FILTER( 'InternetSales_USD' <br> , RELATED('SalesTerritory'[SalesTerritoryCountry]) <br> ⟨⟩"United States" <br> ) <br> ,'InternetSales_USD'[SalesAmount_USD]) | 관련 테이블 필드 연결하여 조건부 합계 |
| 17 | RELATEDTABLE | SUMX( RELATEDTABLE('InternetSales_USD') <br> , [SalesAmount_USD]) | 관련된 테이블의 필드 합계 |
| 18 | VALUES | COUNTROWS(VALUES('InternetSales_USD'[SalesOrderNumber])) | 행 수 계산 |

# 4 Information functions

| 번호 | 함수 | 예제 | 설명 |
|---|---|---|---|
| 1 | CONTAINS | CONTAINS(InternetSales, [ProductKey], 214, [CustomerKey], 11185) | 특정 데이터 찾기 T /F 표시 |
| 2 | CUSTOMDATA | IF(CUSTOMDATA()="OK", "Correct Custom data in connection string", "No custom data in connection string property or unexpected value") | 특정 데이터 OK라면 문자표기 |
| 3 | ISBLANK | IF( ISBLANK('CalculatedMeasures'[PreviousYearTotalSales]) <br> , BLANK() <br> , ( 'CalculatedMeasures'[Total Sales]-'CalculatedMeasures'[PreviousYearTotalSales] ) <br> /'CalculatedMeasures'[PreviousYearTotalSales]) | 비어있는 값을 표기 |

| 번호 | 함수 | 예제 | 설명 |
|---|---|---|---|
| 4 | ISERROR | IF( ISERROR(<br>    SUM('ResellerSales_USD'[SalesAmount_USD])<br>    /SUM('InternetSales_USD'[SalesAmount_USD])<br>    )<br>, BLANK()<br>, SUM('ResellerSales_USD'[SalesAmount_USD])<br>    /SUM('InternetSales_USD'[SalesAmount_USD])<br>) | 에러가 나면 빈값으로 아니면 계산 |
| 5 | ISEVEN | ISEVEN(number) | 홀수는 F 짝수는 T |
| 6 | ISINSCOPE | DEFINE<br>MEASURE FactInternetSales[% of Parent] =<br> SWITCH (TRUE(),<br>  ISINSCOPE(DimProduct[Subcategory]),<br>   DIVIDE(<br>    SUM(FactInternetSales[Sales Amount]),<br>    CALCULATE(<br>     SUM(FactInternetSales[Sales Amount]),<br>     ALLSELECTED(DimProduct[Subcategory]))<br>   ),<br>  ISINSCOPE(DimProduct[Category]),<br>   DIVIDE(<br>    SUM(FactInternetSales[Sales Amount]),<br>    CALCULATE(<br>     SUM(FactInternetSales[Sales Amount]),<br>     ALLSELECTED(DimProduct[Category]))<br>   ),<br>  1<br> ) * 100<br>EVALUATE<br> SUMMARIZECOLUMNS<br> (<br>  ROLLUPADDISSUBTOTAL<br>  (<br>   DimProduct[Category], "Category Subtotal",<br>   DimProduct[Subcategory], "Subcategory Subtotal"<br>  ),<br>  TREATAS(<br>  {"Bike Racks", "Bike Stands", "Mountain Bikes",<br>"Road Bikes", "Touring Bikes"},<br>   DimProduct[Subcategory]), | 스위치 함수를 통해서 T/F |

| 번호 | 함수 | 예제 | 설명 |
|---|---|---|---|
| | | "Sales", SUM(FactInternetSales[Sales Amount]),<br>"% of Parent", [% of Parent]<br>)<br>ORDER BY<br>  [Category Subtotal] DESC, [Category],<br>  [Subcategory Subtotal] DESC, [Subcategory] | |
| 7 | ISLOGICAL | //RETURNS: Is Boolean type or Logical<br>=IF(ISLOGICAL(true), "Is Boolean type or Logical", "Is different type")<br><br>//RETURNS: Is Boolean type or Logical<br>=IF(ISLOGICAL(false), "Is Boolean type or Logical", "Is different type")<br><br>//RETURNS: Is different type<br>=IF(ISLOGICAL(25), "Is Boolean type or Logical", "Is different type") | T/F에 따라 문자 표시 |
| 8 | ISNONTEXT | //RETURNS: Is Non-Text<br>=IF(ISNONTEXT(1), "Is Non-Text", "Is Text")<br><br>//RETURNS: Is Non-Text<br>=IF(ISNONTEXT(BLANK()), "Is Non-Text", "Is Text")<br><br>//RETURNS: Is Text<br>=IF(ISNONTEXT(""), "Is Non-Text", "Is Text") | 조건문에 따튼 문자 표시 |
| 9 | ISNUMBER | //RETURNS: Is number<br>=IF(ISNUMBER(0), "Is number", "Is Not number")<br><br>//RETURNS: Is number<br>=IF(ISNUMBER(3.1E-1),"Is number", "Is Not number")<br><br>//RETURNS: Is Not number<br>=IF(ISNUMBER("123"), "Is number", "Is Not number") | 조건문 숫자 여부에 따라 문자 |
| 10 | ISODD | ISODD(number) | 짝수면 T, 홀수면 F |
| 11 | ISONORAFTER | FILTER(Info, ISONORAFTER(Info[Country], "IND", ASC, Info[State], "MH", ASC)) | 필드별 내림 오름 차순 |

| 번호 | 함수 | 예제 | 설명 |
|---|---|---|---|
| 12 | ISTEXT | //RETURNS: Is Text<br>=IF(ISTEXT("text"), "Is Text", "Is Non-Text")<br><br>//RETURNS: Is Text<br>=IF(ISTEXT(""), "Is Text", "Is Non-Text")<br><br>//RETURNS: Is Non-Text<br>=IF(ISTEXT(1), "Is Text", "Is Non-Text")<br><br>//RETURNS: Is Non-Text<br>=IF(ISTEXT(BLANK()), "Is Text", "Is Non-Text") | 텍스트여부 조건문 |
| 13 | LOOKUPVALUE | LOOKUPVALUE(Product[SafetyStockLevel],<br>[ProductName], " Mountain-400-W Silver, 46") | 엑셀의 Vlookup과<br>같음 |
| 14 | USERNAME | USERNAME() | 컴퓨터이름 및 성<br>표시 |

# 5 Logical functions

| 번호 | 함수 | 예제 | 설명 |
|---|---|---|---|
| 1 | AND | IF( AND(  SUM( 'InternetSales_USD'[SalesAmount_USD])<br>　　　　)SUM('ResellerSales_USD'[SalesAmount_USD])<br>　　　, CALCULATE(SUM('InternetSales_<br>USD'[SalesAmount_USD]), PREVIOUSYEAR('DateTime'[DateKey] ))<br>　　　　)CALCULATE(SUM('ResellerSales_<br>USD'[SalesAmount_USD]), PREVIOUSYEAR('DateTime'[DateKey] ))<br>　　　)<br>　, "Internet Hit"<br>　, ""<br>　)<br>=IF(AND(10 ) 9, -10 ( -1), "All true", "One or more false" | 가정문의 AND 조건 |

| 번호 | 함수 | 예제 | 설명 |
|------|------|------|------|
| 2 | FALSE | IF(SUM('InternetSales_USD'[SalesAmount_USD]) >200000, TRUE(), false()) | False 표기 |
| 3 | IF | IF([Calls]<200,"low",IF([Calls]<300,"medium","high"))<br><br>IF([StateProvinceCode]= "CA" && ([MaritalStatus] = "M" \|\| [NumberChildrenAtHome] >1),[City]) | 가정문 and / Or 조건 |
| 4 | IFERROR | IFERROR(25/0,9999) | 가정문 에러 |
| 5 | IN | Filtered Sales:=CALCULATE (<br>    [Internet Total Sales], 'Product'[Color] IN { "Red", "Blue", "Black" }<br>    ) | 해당되는 내용만 찾아서 계산 |
| 6 | NOT | NOT([CalculatedColumn1]) | 필드가 아님 |
| 7 | OR | IF(  OR(  CALCULATE(SUM('ResellerSales_ USD'[SalesAmount_USD]), 'ProductSubcategory'[Produ ctSubcategoryName]="Touring Bikes") > 1000000<br>    , CALCULATE(SUM('ResellerSales_ USD'[SalesAmount_USD]), 'DateTime'[CalendarYear]=2007) > 2500000<br>    )<br>, "Circle of Excellence"<br>    ""<br>    ,<br>    ) | 가정문 OR 조건 |
| 8 | SWITCH | SWITCH([Month], 1, "January", 2, "February", 3, "March", 4, "April"<br>    , 5, "May", 6, "June", 7, "July", 8, "August"<br>    , 9, "September", 10, "October", 11, "November", 12, "December"<br>    , "Unknown month number" ) | 해당 월에 따라 문자로 표기 |
| 9 | TRUE | IF(SUM('InternetSales_USD'[SalesAmount_USD]) >200000, TRUE(), false()) | 참 값 |

# 6 Math and Trig functions

| 번호 | 함수 | 예제 | 설명 |
|---|---|---|---|
| 1 | ABS | ABS([DealerPrice]-[ListPrice]) | 절대값 |
| 2 | ACOS | ACOS(-0.5)*180/PI() | 역코사인 |
| 3 | ACOSH | ACOSH(10) | 하이퍼블릭 코사인 |
| 4 | ASIN | DEGREES(ASIN(-0.5)) | |
| 5 | ASINH | | |
| 6 | ATAN | | |
| 7 | ATANH | | |
| 8 | CEILING | | |
| 9 | COMBIN | | |
| 10 | COMBINA | | |
| 11 | COS | | |
| 12 | COSH | | |
| 13 | CURRENCY | | |
| 14 | DEGREES | | |
| 15 | DIVIDE | DIVIDE(5,0,1) | |
| 16 | EVEN | EVEN(1.5) | 가까운 정수로 |
| 17 | EXP | | |
| 18 | FACT | FACT([Values]) | 자승 |
| 19 | FLOOR | FLOOR(InternetSales[Total Product Cost],.5) | 소수 반올림 자름 |
| 20 | GCD | | |
| 21 | INT | | 정수 |
| 22 | ISO.CEILING | | |
| 23 | LCM | | |
| 24 | LN | | |

| 번호 | 함수 | 예제 | 설명 |
|------|------|------|------|
| 25 | LOG | | |
| 26 | LOG10 | | |
| 27 | MROUND | | |
| 28 | ODD | ODD(2) | 홀수 올림 |
| 29 | PI | | |
| 30 | POWER | POWER(5,2) | 5의 2자승 |
| 31 | PRODUCT | | |
| 32 | PRODUCTX | | |
| 33 | QUOTIENT | | |
| 34 | RADIANS | | |
| 35 | RAND | | |
| 36 | RANDBETWEEN | | |
| 37 | ROUND | ROUND(21.5,-1) | |
| 38 | ROUNDDOWN | ROUNDDOWN(31415.92654, -2) | |
| 39 | ROUNDUP | ROUNDUP([Values],-1) | |
| 40 | SIGN | | |
| 41 | SQRT | SQRT(25) | 루트 |
| 42 | SUM | SUM(Sales[Amt]) | 합계 |
| 43 | SUMX | SUMX(FILTER(InternetSales, InternetSales[SalesTerrito ryID]=5),[Freight]) | 필터 합계 |
| 44 | TRUNC | TRUNC(-8.9) | 정수 -8로 표시됨 |

| 번호 | 함수 | 예제 | 설명 |
|------|------|------|------|
| 1 | DATATABLE | DataTable("Name", STRING,<br>    "Region", STRING<br>    ,{<br>        {" User1","East"},<br>        {" User2","East"},<br>        {" User3","West"},<br>        {" User4","West"},<br>        {" User4","East"}<br>    }<br>    ) | 테이블 만들기 |
| 2 | ERROR | DEFINE<br>MEASURE DimProduct[Measure] =<br>IF(<br>SELECTEDVALUE(DimProduct[Color]) = "Red",<br>ERROR("red color encountered"),<br>SELECTEDVALUE(DimProduct[Color])<br>)<br>EVALUATE SUMMARIZECOLUMNS(DimProduct[Color],<br>"Measure", [Measure])<br>ORDER BY [Color] | 에러 |
| 3 | EXCEPT | Except(States1, States2) | 중복안되는 것 |
| 4 | GENERATESERIES | EVALUATE GENERATESERIES(1, 5) | 행으로 1 ~5 작성됨 |
| 5 | GROUPBY | GROUPBY (<br>Sales,<br>Geography[Country],<br>Product[Category],<br>"Total Sales", SUMX( CURRENTGROUP(), Sales[Price] *<br>Sales[Qty])<br>) | 그룹 요약 쿼리 |
| 6 | INTERSECT | Intersect(States2, States1) | 행의 데이터 중복된<br>것만 찾음 |

| 번호 | 함수 | 예제 | 설명 |
|---|---|---|---|
| 7 | ISEMPTY | EVALUATE<br>ROW("Any countries with count 〉 25?",<br>NOT(ISEMPTY(FILTER(Info, [Count]〉25))) | 빈 데이터만 찾음 |
| 8 | ISSELECTEDSMEASURE | | |
| 9 | NATURALINNERJOIN | | |
| 10 | NATURALLEFTOUTERJOIN | | |
| 11 | SELECTEDSMEASURE | | |
| 12 | SELECTEDSMEASU REFORMATSTRING | | |
| 13 | SELECTEDS MEASURENAME | | |
| 14 | SUMMARIZECOLUMNS | SUMMARIZECOLUMNS ( 'Sales Territory'[Category],<br>'Customer' [Education], FILTER('Customer',<br>'Customer'[First Name] = "Alicia") ) | |
| 15 | Table Constructor (DAX) | | |
| 16 | TREATAS | | |
| 17 | UNION | UNION(UsaInventory, IndInventory) | 테이블 통합 |
| 18 | VAR (DAX) | YoY% = VAR Sales = SUM(SalesTable[SalesAmount])<br><br>VAR SalesLastYear =<br>    CALCULATE ( SUM ( SalesTable[SalesAmount] ),<br>SAMEPERIODLASTYEAR ( 'Calendar'[Date] ) )<br><br>    return if(Sales, DIVIDE(Sales - SalesLastYear, Sales)) | 변수선언 |

## 8  Statistical functions

| 번호 | 함수 | 예제 | 설명 |
|---|---|---|---|
| 1 | ADDCOLUMNS | ADDCOLUMNS(ProductCategory,<br>, "Internet Sales",<br>SUMX(RELATEDTABLE(InternetSales_USD),<br>InternetSales_USD[SalesAmount_USD])<br>, "Reseller Sales",<br>SUMX(RELATEDTABLE(ResellerSales_USD),<br>ResellerSales_USD[SalesAmount_USD])) | 컬럼 추가 |
| 2 | APPROXIMATE DISTINCTCOUNT | | |
| 3 | AVERAGE | AVERAGE(InternetSales[ExtendedSalesAmount]) | 평균 |
| 4 | AVERAGEA | AVERAGEX(InternetSales[ExtendedSalesAmount]) | 조건부 평균 |
| 5 | AVERAGEX | AVERAGEX(InternetSales, InternetSales[Freight]+ InternetSales[TaxAmt]) | 조건부 평균 |
| 6 | BETA.DIST | | 베타분포 |
| 7 | BETA.INV | | 카이스케어 |
| 8 | CHISQ.INV | | 카이스케어 분포 |
| 9 | CHISQ.INV.RT | | |
| 10 | CONFIDENCE.NORM | | |
| 11 | CONFIDENCE.T | | |
| 12 | COUNT | COUNT([ShipDate]) | 개수 |
| 13 | COUNTA | COUNTA('Reseller'[Phone]) | 개수 |
| 14 | COUNTAX | COUNTX(FILTER(Product,RELATED(ProductSubca tegory[EnglishProductSubcategoryName])="Caps", Product[ListPrice]) | 조건부 개수 |
| 15 | COUNTBLANK | COUNTBLANK(Reseller[BankName]) | 빈 개수 |
| 16 | COUNTROWS | COUNTROWS(RELATEDTABLE(ResellerSales)) | 테이블의 행의 수 |

| 번호 | 함수 | 예제 | 설명 |
|---|---|---|---|
| 17 | COUNTX | COUNTX(FILTER(Product,RELATED(ProductSubca tegory[EnglishProductSubcategoryName])="Caps", Product[ListPrice]) | 조건부 개수 |
| 18 | CROSSJOIN | | |
| 19 | DATATABLE | | |
| 20 | DISTINCTCOUNT | | |
| 21 | DISTINCTCOUNT NOBLANK | | |
| 22 | EXPON.DIST | | |
| 23 | GENERATE | GENERATE(<br>SUMMARIZE(SalesTerritory, SalesTerritory[SalesTerritor yGroup])<br>,SUMMARIZE(ProductCategory<br>, [ProductCategoryName]<br>, "Reseller Sales",<br>SUMX(RELATEDTABLE(ResellerSales_USD),<br>ResellerSales_USD[SalesAmount_USD])<br>)<br>) | |
| 24 | GENERATEALL | | |
| 25 | GEOMEAN | | |
| 26 | GEOMEANX | | |
| 27 | MAX | Max([TotalSales], [TotalPurchases]) | |
| 28 | MAXA | MAXA([TransactionDate]) | |
| 29 | MAXX | | |
| 30 | MEDIAN | | |
| 31 | MEDIANX | | |
| 32 | MIN | | |
| 33 | MINA | | |
| 34 | MINX | | |
| 35 | NORM.DIST | | 분산 |

| 번호 | 함수 | 예제 | 설명 |
|---|---|---|---|
| 36 | NORM.INV | | 분산 |
| 37 | NORM.S.DIST | | 분산 |
| 38 | NORM.S.INV | | 분산 |
| 39 | PERCENTILE.EXC | | |
| 40 | PERCENTILE.INC | | |
| 41 | PERCENTILEX.EXC | | |
| 42 | PERCENTILEX.INC | | |
| 43 | POISSON.DIST | | |
| 44 | RANK.EQ | RANK.EQ(Students[Test_Score], NationalScores[Test_Score]) | 점수 비교 |
| 45 | RANKX | RANKX(ALL(Products), SUMX(RELATEDTABLE(InternetSales), [SalesAmount])) | 순위 |
| 46 | ROW | ROW("Internet Total Sales (USD)", SUM(InternetSales_USD[SalesAmount_USD]), <br>    "Resellers Total Sales (USD)", SUM(ResellerSales_USD[SalesAmount_USD])) | 행의 데이터 표시 |
| 47 | SAMPLE | | |
| 48 | SELECTCOLUMNS | SELECTCOLUMNS(Info, "StateCountry", [State]&", "&[Country]) | 컬럼 텍스트 표시 |
| 49 | SIN | | |
| 50 | SINH | | |
| 51 | STDEV.P | | |
| 52 | STDEV.S | | |
| 53 | STDEVX.P | | |
| 54 | STDEVX.S | | |
| 55 | SQRTPI | | |
| 56 | SUMMARIZE | | |
| 57 | T.DIST | | |
| 58 | T.DIST.2T | | |

| 번호 | 함수 | 예제 | 설명 |
|---|---|---|---|
| 59 | T.DIST.RT | | |
| 60 | T.INV | | |
| 61 | T.INV.2t | | |
| 62 | TAN | | |
| 63 | TANH | | |
| 64 | TOPN | | |
| 65 | VAR.P | | |
| 66 | VAR.S | | |
| 67 | VARX.P | | |
| 68 | VARX.S | | |
| 69 | XIRR | | |
| 70 | XNPV | | |

# ⑨ Text functions

| 번호 | 함수 | 예제 | 설명 |
|---|---|---|---|
| 1 | BLANK | IF( SUM(InternetSales_USD[SalesAmount_USD])= 0 , BLANK() , SUM(ResellerSales_USD[SalesAmount_ USD])/SUM(InternetSales_USD[SalesAmount_USD]) ) | 빈값 계산 |
| 2 | CODE | CODE("A") | 유닉스를 10진수로 |
| 3 | CONCATENATE | EVALUATE DISTINCT(SELECTCOLUMNS(DimDate, "Month", COMBINEVALUES(",", [MonthName], [CalendarYear]))) | 컬럼 값을 구분자 통합 필드 |
| 4 | CONCATENATEX | =[Product abbreviation] & "-" & [Product number] | |
| 5 | CONTAINSSTRING | CONCATENATEX(Employees, [FirstName] & " " & [LastName], ",") | |
| 6 | CONTAINSSTRING EXACT | | |
| 7 | EXACT | EXACT([Column1],[Column2]) | 같으면 T 다르면 F |
| 8 | FIND | FIND("BMX","line of BMX racing goods") | 찾기 |
| 9 | FIXED | FIXED([PctCost],3,1) | 위치 고정 |
| 10 | FORMAT | FORMAT( 12345.67, "General Number")<br>FORMAT( 12345.67, "Currency")<br>FORMAT( 12345.67, "Fixed")<br>FORMAT( 12345.67, "Standard")<br>FORMAT( 12345.67, "Percent")<br>FORMAT( 12345.67, "Scientific") | |
| 11 | LEFT | CONCATENATE(LEFT('Reseller'[ResellerName],LEFT(Geography Key,3)) | 좌로 자르기 |
| 12 | LEN | LEN([AddressLine1])+LEN([AddressLin2]) | 문자 길이 |
| 13 | LOWER | LOWER('New Products'[ProductCode]) | 소문자로 변환 |
| 14 | MID | =MID('Reseller'[ResellerName],5,1)) | 중간시작 자르기 변환 |
| 15 | REPLACE | REPLACE('New Products'[Product Code],1,2,"OB") | 특정 자리 문자 변환 |
| 16 | REPT | REPT([MyText],[MyNumber]) | 특정문자 주기 반복 |

| 번호 | 함수 | 예제 | 설명 |
|------|------|------|------|
| 17 | RIGHT | RIGHT('New Products'[ProductCode],2) | 오른쪽부터 문자 자르기 |
| 18 | SEARCH | SEARCH("n","printer") | 좌측부터 문자 위치 자리 찾기 |
| 19 | SUBSTITUTE | SUBSTITUTE([Product Code], "NW", "PA") | 특정 문자 바꾸기 |
| 20 | TRIM | TRIM("A column with trailing spaces.   ") | 빈공간 제거 |
| 21 | UNICHAR | UNICHAR(65) | 유니코드 변환 |
| 22 | UPPER | UPPER(['New Products'[Product Code]) | 대문자로 변환 |
| 23 | VALUE | VALUE("3") | 텍스트를 숫자타입으로 |

# 3 DAX 빠른 측정값

Power BI의 도움말에는 '빠른 측정'에 대하여 "'빠른 측정'을 사용하여 일반적이고 강력한 계산을 쉽고 빠르게 수행할 수 있습니다. **빠른 측정은 백그라운드에서 DAX (Data Analysis Expressions) 명령 집합을 실행한 후 결과를 표시**하여 보고서에서 사용할 수 있습니다. DAX를 작성할 필요가 없으며, 대화 상자에서 제공하는 입력에 따라 자동으로 작성됩니다.

사용 가능한 수많은 계산 범주와 사용자 요구에 맞게 각 계산을 수정할 방법이 있습니다. 무엇보다도 빠른 측정으로 실행되는 DAX를 확인하고 사용자 고유의 DAX 지식을 바로 사용하거나 확장할 수 있습니다."라고 정의를 내리고 있다.

주요 빠른 측정값은 다음과 같다.

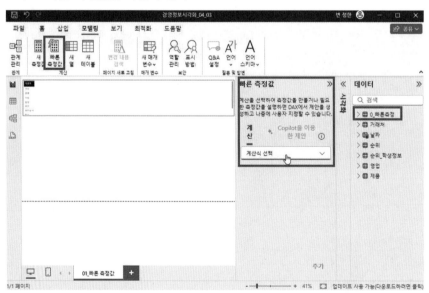

리본 메뉴에서 모델링의 계산그룹의 빠른 측정값을 클릭하면, 중간에 [빠른 측정값]이 보인다.

계산에는 마법사와 같은 다양한 Dax함수인 [계산식 선택]을 클릭해서 Dax 함수를 활용한다.

[범주별 집계], [필터], [시간 인텔리전스], [합계], [수학 연산], [텍스트]로 그룹화가 되어 있다.

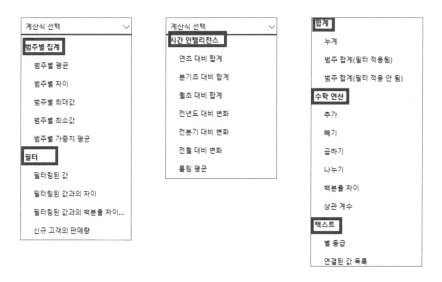

지금부터 [범주별 집계] 그룹에 있는 [범주별 평균]부터 시작해 순차적으로 보고서 페이지 별로 전체 27개의 [빠른 측정값]을 학습해보자.

- [빠른 측정값]을 클릭해서 다음과 같이 작성한다.
  - 모든 빠른 측정값은 〈0_빠른측정값〉 테이블로 작성함
- 계산 : 범주별 평균, 기준 값 : 〈순위〉-[점수]를 평균값, 범주 : [반]을 선택한 후에 버튼 [추가]를 클릭하면 [빠른 측정값] Dax 함수가 작성된다.
- [데이터 시각화 차트]-[데이터] 차트를 추가한다.
- 시각화 데이터 차트에 〈순위〉-[반], [01_반별 평균 점수개 평균값]을 추가한다.
- 반별 평균값인 62.35를 보여준다.

**[설명]**

01_반별 평균 점수개 평균값 =

AVERAGEX(KEEPFILTERS(VALUES('순위'[반])), CALCULATE(AVERAGE('순위_학생정보'[점수])))

- 마법사의 기능을 사용결과 '순위_학생정보'[점수]로 표시되지만, '순위'[점수]으로 수정해도 결과 값은 같다. 이와 같은 사소한 에러가 있더라도 사용에는 문제가 없다.
- 만약에 출생지별로 점수 평균값으로 계산을 해도 출생지별 평균값이 계산된다. 특히 'VALUES('순위'[반])'은 정확하게 필드 값으로 변경하는 Dax 함수이다. 그리고 AVERAGE와 AVERAGEX의 'X'의 차이점은 엑셀 평균 함수처럼 조건부 필터링의 개념으로 이해한다.

## ② 범주별 차이

- 계산: 범주별 차이, 기준 값: ⟨순위⟩-[점수] 합계 값, 범주: [반]
- 데이터 차트에 ⟨순위⟩-[반], [02_반별 점수 차이]를 추가한다.
- 반별 점수 차이는 '144'를 보여준다.

### [설명]

02_반별 점수 차이 =

VARX.P(KEEPFILTERS(VALUES('순위'[반])), CALCULATE(SUM('순위_학생정보'[점수])))

- VARX.P 전체 모집단의 분산을 반환한다.
- ⟨테이블⟩이 모집단의 샘플을 나타내는 경우 ⟨VARX.S⟩를 사용하여 분산을 계산한다.

# ③ 범주별 최대값

- 계산: 범주별 최대값, 기준 값: 〈순위〉-[점수] 합계 값, 범주: [이름]
- 데이터 차트에 〈순위〉-[이름]/[점수], [03_이름별 점수 최대값]을 추가한다.
- 최대 점수는 '98'을 보여준다.

## [설명]

03_이름별 점수 최대값 =

MAXX(KEEPFILTERS(VALUES('순위'[이름])), CALCULATE(SUM('순위_학생정보'[점수])))

- MAXX 함수에 대한 테이블 인수는 테이블 이름 또는 테이블로 계산되는 식일 수 있다. 두 번째 인수는 테이블의 각 행에 대해 계산할 식을 나타낸다.
- 평가할 값 중 숫자, 텍스트, 날짜 값만 계산된다.
- 빈 값은 건너뛴다. TRUE/FALSE 값은 지원되지 않는다. 식에 텍스트 및 숫자와 같은 변형 또는 혼합 값 형식이 있는 경우 기본적으로 MAXX는 숫자만 고려한다.
- 이 함수는 계산 열 또는 RLS(행 수준 보안) 규칙에서 사용되는 경우 DirectQuery 모드에서 사용할 수 없다.

- 계산: 범주별 차이, 기준 값: 〈순위〉-[점수] 합계 값, 범주: [반]
- 데이터 차트에 〈순위〉-[반], [02_반별 점수 차이]를 추가한다.
- 반별 점수 차이는 '144'를 보여준다.

**[설명]**

04_이름별 점수 최소값 =

MINX(KEEPFILTERS(VALUES('순위'[이름])), CALCULATE(SUM('순위_학생정보'[점수])))

- MINX 함수는 테이블을 반환하는 식이나 테이블의 첫 번째 인수로 사용한다. 두 번째 인수는 테이블의 각 행에 대해 계산되는 식을 포함한다. 빈 값은 건너뛰며, TRUE/FALSE 값은 지원되지 않는다.
- 식에 텍스트 및 숫자와 같은 변형 또는 혼합 값 형식이 있는 경우 기본적으로 MINX는 숫자만 고려한다.
- 이 함수는 계산 열 또는 RLS(행 수준 보안) 규칙에서 사용되는 경우 DirectQuery 모드에서 사용할 수 없다.

- 계산: 필터링범주별 차이, 기준 값: 〈순위〉-[점수] 합계, 두께: [점수] 합계, 범주: [이름]
- 데이터 차트에 〈순위〉-[반], [02_반별 점수 차이]를 추가한다.
- 가중 평균은 '59'를 보여준다.

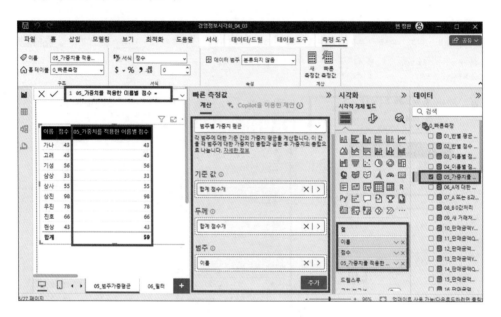

**[설명]**
```
VAR __CATEGORY_VALUES = VALUES('순위'[이름])  - - 변수 지정
RETURN
   DIVIDE(
     SUMX(
       KEEPFILTERS(__CATEGORY_VALUES),
       CALCULATE(SUM('순위_학생정보'[점수]) * COUNTA('순위'[점수]))
     ),
     SUMX(KEEPFILTERS(__CATEGORY_VALUES), CALCULATE(COUNTA('순위'[점수])))
   )
```

- 예제 데이터 가중치가 없어서 가중치를 점수* 학생들 인원으로 COUNTA로 지정, 예로 영업에서 제품마다 중요도 가중치를 입력해서 총 합계 계산을 할 때 사용한다.

- 계산: 범주별 차이, 기준 값: 〈순위〉-[점수] 합계 값, 범주: [반]
- 데이터 차트에 〈순위〉-[반], [02_반별 점수 차이]를 추가한다.
- 반별 점수 차이는 '144'를 보여준다.

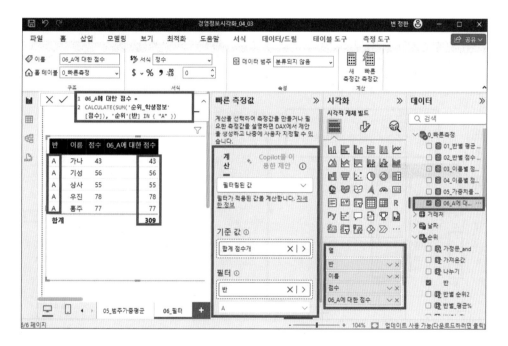

**[설명]**

06_A에 대한 점수 =

CALCULATE(SUM('순위_학생정보'[점수]), '순위'[반] IN { "A" })

- '순위'[반] IN { "A" }는 조건부 A반만 선택해서 보여주는 필터링 Dax 함수로, [빠른 측정값]의 필터의 [반] 필드를 선택하면, 전체 선택 혹은 개별 선택 체크할 수 있다.
- 조건 선택에 따라서 필터링의 결과값 데이터가 변한다.

## 7  필터 차이

- 계산: 필터링된 값과의 차이, 비어 있음: '계산에서 0으로 간주', 필터 〈순위〉-[반],
  선택: [반]을 클릭하면, 반을 선택 지정
- 데이터 차트에 〈순위〉-[반]/[이름],[점수], [08_B 0값처리]를 추가한다.
- 이름별 점수 차이는 A반은 점수를 보여주고, B반은 점수를 '0'으로 보여준다.

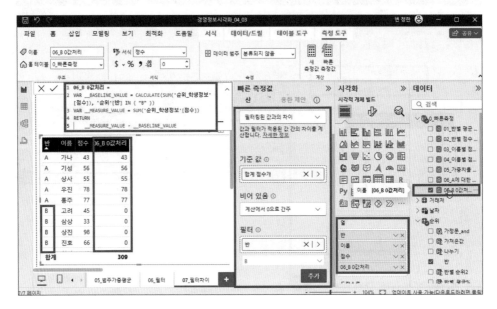

**[설명]**

07_B 0값처리 =

VAR __BASELINE_VALUE = CALCULATE(SUM('순위_학생정보'[점수]), '순위'[반] IN { "B" })

VAR __MEASURE_VALUE = SUM('순위_학생정보'[점수])

RETURN

　　　 __MEASURE_VALUE − __BASELINE_VALUE

- VAR __BASELINE_VALUE, VAR __MEASURE_VALUE는 변수 이름으로 지정해서 RETURN
  은 결과 값으로 보여준다.

• 계산: 필터링된 값과의 차이, 비어 있음: '계산에서 0으로 간주', 필터 〈순위〉-[반],

선택: [반]을 클릭하면, 반을 'B' 선택 지정

• 데이터 차트에 〈순위〉-[반]/[이름],[점수], [08_B 0값처리],[ 08_B과(와)의 점수% 차

이]를 추가한다.

• 이름별 점수 차이는 A반은 점수를 보여주고, B반은 점수를 '0'으로 보여준다.

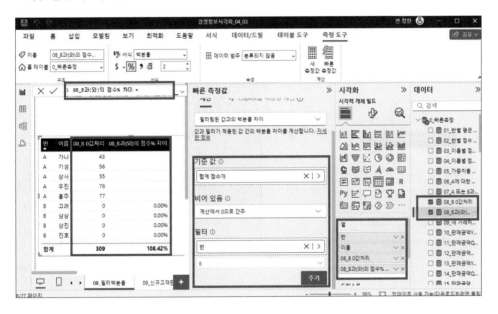

**[설명]**

08_B 0값처리 =

VAR __BASELINE_VALUE = CALCULATE(SUM('순위_학생정보'[점수]), '순위'[반] IN { "B" })

VAR __MEASURE_VALUE = SUM('순위_학생정보'[점수])

RETURN

    __MEASURE_VALUE – __BASELINE_VALUE

• 2번째 Dax 함수 생략. 예제와 같이 B반을 제외하고, 선택한 데이터를 0 값으로 처리해서, 나머지 데

이터를 합계 혹은 퍼센트로 계산한다.

- 계산: 신규 고객의 판매량, 판매액: 〈영업〉-[판매금액] 합계 값, 고객ID: 〈영업〉-[거래처]
  날짜 :〈날짜〉-[Date]
- 데이터 차트에 〈영업〉-[거래처], [09_새 거래처의 판매금액]을 추가한다.
- 거래처별 총판매금액은 '777,025'를 보여준다.

**[설명]**

09_새 거래처의 판매금액 =

IF(

   ISFILTERED('날짜'[Date]),

   ERROR("시간 인텔리전스 빠른 측정값은 Power BI에서 제공하는 날짜 계층 구조 또는 기본 날짜
열을 통해서만 그룹화하거나 필터링할 수 있습니다."),

   VAR __CURRENT_VALUES = SUMMARIZE(VALUES('영업'), '거래처'[거래처])

   VAR __EXISTING_VALUES =

     CALCULATETABLE(

       SUMMARIZE(VALUES('영업'), '거래처'[거래처]),

       FILTER(

```
    ALL('날짜'[Date].[Date]),
    '날짜'[Date].[Date] 〈 MIN('날짜'[Date].[Date])
  ),
  KEEPFILTERS(__CURRENT_VALUES)
 )
RETURN
   CALCULATE(SUM('영업'[판매금액]), EXCEPT(__CURRENT_VALUES, __EXISTING_
VALUES))
)
```

**● SUMMARIZE**

- 이름을 정의하는 각 열에는 해당 식이 있어야 한다. 그렇지 않으면 오류가 반환된다. 첫 번째 인수인 이름은 결과에서 열의 이름을 정의한다. 두 번째 인수인 식은 해당 열의 각 행에 대한 값을 얻기 위해 수행되는 계산을 정의한다.

- groupBy_columnName 테이블이나 테이블과 관련된 테이블에 있어야 한다.

- 각 이름은 큰따옴표로 묶어야 한다.

- 함수는 하나 이상의 groupBy_columnName 열 값으로 선택한 행 집합을 요약 행 집합으로 그룹화한다. 각 그룹에 대해 하나의 행이 반환된다.

- 이 함수는 계산 열 또는 RLS(행 수준 보안) 규칙에서 사용되는 경우 DirectQuery 모드에서 사용할 수 없다.

**● KEEPFILTERS**

- CALCULATE 및 CALCULATETABLE 함수 컨텍스트 내에서 KEEPFILTERS를 사용하여 해당 함수의 표준 동작을 재정의한다.

- 기본적으로 CALCULATE 같은 함수의 필터 인수는 식을 계산하기 위한 컨텍스트로 사용되며, 이에 따라 CALCULATE의 필터 인수가 동일한 열에 대한 기존 필터를 모두 대체한다. CALCULATE에 대한 필터 인수의 영향을 받는 새 컨텍스트는 필터 인수의 일부로 언급된 열의 기존 필터에만 영향을 준다. CALCULATE 또는 기타 관련 함수의 인수에 언급된 열 이외의 열에 대한 필터는 여전히 유효하고 변경되지 않는다.

- KEEPFILTERS 함수를 사용하면 이 동작을 수정할 수 있다. KEEPFILTERS를 사용하는 경우 현재 컨텍스트의 모든 기존 필터가 필터 인수의 열과 비교되고 이러한 인수의 교집합은 식을 평가하기 위

한 컨텍스트로 사용된다. 한 열에 대한 순 효과는 CALCULATE에 사용되는 필터 인수와 KEEPFILTER 함수의 인수에 있는 필터 둘 다 인수 집합이 모두 적용된다. CALCULATE 필터는 현재 컨텍스트를 대체하는 반면 KEEPFILTERS는 현재 컨텍스트에 필터를 추가한다.

## ◔ EXCEPT

- 두 테이블에 행이 모두 표시되면 결과 집합에 행과 해당 행의 중복 항목이 없다. 행이 table_expression1만 나타나면 결과 집합에 행과 해당 중복 항목이 표시된다.
- 열 이름은 table_expression1 열 이름과 일치한다.

# ⑩ 연초 대비 합계

- 계산: 연초 대비 합계, 기준 값: 〈영업〉-[판매금액] 합계 값, 날짜: 〈날짜〉-[Date]
- 데이터 차트에 〈날짜〉-[연도], [10_판매금액YTD]을 추가한다.
- 2024년 매출은 '195,903'를 보여준다.

**[설명]**

10_판매금액YTD =

IF(

    ISFILTERED('날짜'[Date]),

    ERROR("시간 인텔리전스 빠른 측정값은 Power BI에서 제공하는 날짜 계층 구조 또는 기본 날짜 열을 통해서만 그룹화하거나 필터링할 수 있습니다."),

    TOTALYTD(SUM('영업'[판매금액]), '날짜'[Date].[Date])

- IF 가정문으로 해서 필터 되면 에러(ERROR) 나도록 표시되며, 아니면, TOTALYTD 함수로 연도별 값을 계산한다.
- 엑셀처럼 데이터 비어 있든 '0' 값이든 간에 데이터가 계산이 되지만, Power BI는 데이터베이스 솔루션으로 '0' 값 처리는 다른 개념으로 이해한다.

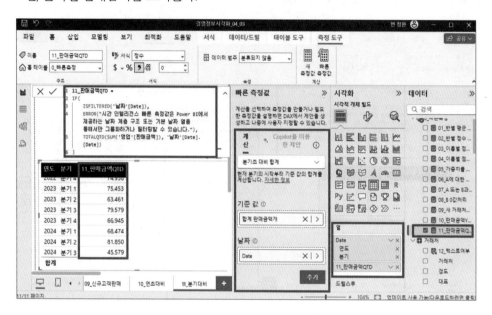

## 11 분기초 대비 합계

- 계산: 분기초 대비 합계, 기준 값: 〈영업〉-[판매금액] 합계 값, 날짜:[Date]
- 데이터 차트에 〈날짜계열〉-[연도/분기], [11_판매금액QTD 점수 차이]를 추가한다.
- 년/분기별 판매금액을 보여준다.

**[설명]**

11_판매금액QTD =

IF(

    ISFILTERED('날짜'[Date]),

    ERROR("시간 인텔리전스 빠른 측정값은 Power BI에서 제공하는 날짜 계층 구조 또는 기본 날짜 열을 통해서만 그룹화하거나 필터링할 수 있습니다."),

    TOTALQTD(SUM('영업'[판매금액]), '날짜'[Date].[Date])

앞과 설명 동일

- 계산: 월초 대비 합계, 기준 값: 〈영업〉-[판매금액] 합계 값, 날짜:[Date]
- 데이터 차트에 〈날짜계열〉-[연도/월], [12_판매금액MTD]를 추가한다.
- 년/월별 판매금액을 보여준다.

**[설명]**

12_판매금액MTD =

IF(

   ISFILTERED('날짜'[Date]),

   ERROR("시간 인텔리전스 빠른 측정값은 Power BI에서 제공하는 날짜 계층 구조 또는 기본 날짜 열을 통해서만 그룹화하거나 필터링할 수 있습니다."),

   TOTALMTD(SUM('영업'[판매금액]), '날짜'[Date].[Date])

)

앞과 설명 동일

- 계산: 전분기 대비 변화, 기준 값: 〈영업〉-[판매금액] 합계 값, 날짜:[Date],기간수: '1'
- 데이터 차트에 〈날짜계열〉-[연도/연도], [13_판매금액YoY%]를 추가한다.
- 년 판매금액의 증가 평균 '33.71%'를 보여준다.

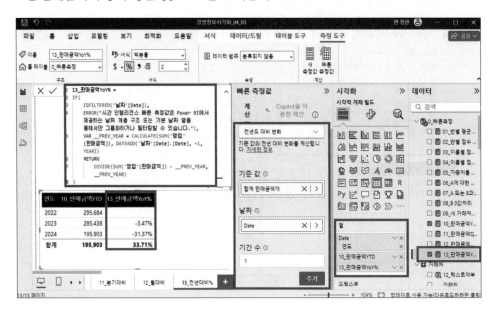

**[설명]**

13_판매금액YoY% =

IF(

　　ISFILTERED('날짜'[Date]),

　　ERROR("시간 인텔리전스 빠른 측정값은 Power BI에서 제공하는 날짜 계층 구조 또는 기본 날짜 열을 통해서만 그룹화하거나 필터링할 수 있습니다."),

　　VAR __PREV_YEAR = CALCULATE(SUM('영업'[판매금액]), DATEADD('날짜'[Date].[Date], -1, YEAR))

　　RETURN

　　　　DIVIDE(SUM('영업'[판매금액]) - __PREV_YEAR, __PREV_YEAR))

기간수 '1'은 연도별 분석으로 공식은 (연도-전년도)/(전년도)를 % 계산한 데이터 값을 보여준다.

DATEADD('날짜'[Date].[Date], -1, YEAR))에서 YEAR는 연 기준으로 '-1'은 전년도 데이터를 표시한다.

## 14 전분기 대비 변화

- 계산: 전분기 대비 변화, 기준 값: 〈영업〉-[판매금액] 합계 값, 날짜:[Date],기간수: '1'
- 데이터 차트에 〈날짜계열〉-[연도/분기], [14_판매금액QoQ%]를 추가한다.
- 년/분기 판매금액 %를 보여준다.

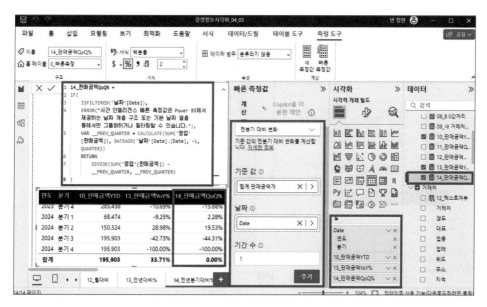

**[설명]**

14_판매금액QoQ% =

IF(

   ISFILTERED('날짜'[Date]),

   ERROR("시간 인텔리전스 빠른 측정값은 Power BI에서 제공하는 날짜 계층 구조 또는 기본 날짜 열을 통해서만 그룹화하거나 필터링할 수 있습니다."),

   VAR __PREV_QUARTER = CALCULATE(SUM('영업'[판매금액]), DATEADD('날짜'[Date].[Date], -1, QUARTER))

  RETURN

   DIVIDE(SUM('영업'[판매금액]) - __PREV_QUARTER, __PREV_QUARTER))

기간수 '1'는 년/분기별 분석으로 공식은 (년분기-전년분기)/(전년분기)를 % 계산한 데이터 값을 보여준다. DATEADD('날짜'[Date].[Date], -1, QUARTER))에서 QUARTER 는 전년도 분기 기준으로 '-1'은 전년 분기 데이터를 표시한다.

- 계산: 전분기 대비 변화, 기준 값: 〈영업〉-[판매금액] 합계 값, 날짜:[Date],기간수: '1'
- 데이터 차트에 〈날짜계열〉-[연도/월], [14_판매금액QoQ%]를 추가한다.
- 년/월 판매금액 %를 보여준다.

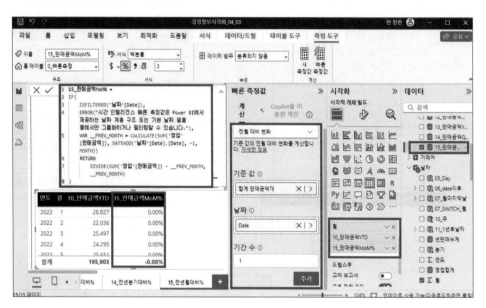

**[설명]**

15_판매금액MoM% =

IF(

　ISFILTERED('날짜'[Date]),

　ERROR("시간 인텔리전스 빠른 측정값은 Power BI에서 제공하는 날짜 계층 구조 또는 기본 날짜 열을 통해서만 그룹화하거나 필터링할 수 있습니다."),

　VAR __PREV_MONTH = CALCULATE(SUM('영업'[판매금액]), DATEADD('날짜'[Date].[Date], -1, MONTH))

　RETURN

　　DIVIDE(SUM('영업'[판매금액]) - __PREV_MONTH, __PREV_MONTH))

기간수 '1'는 년/월별 분석으로 공식은 (년월-전년월)/(전년월)를 % 계산한 데이터 값을 보여준다.

DATEADD('날짜'[Date].[Date], -1, MONTH))에서 MONTH 는 전년도 월 기준으로 '-1'은 전년 월 데이터를 표시한다.

- 계산: 기 대비 변화, 기준 값: 〈영업〉-[판매금액] 합계 값, 날짜:[Date],기간수: '개월' 이전 '6', 이후 '6'
- 데이터 차트에 〈날짜계열〉-[연도/월], [16_판매금액 롤링 평균]을 추가한다.
- ▶ 년/월의 당월 기준으로 6개월 전/후 총 12개월의 평균 판매금액을 보여준다.

**[설명]**

16_판매금액 롤링 평균 =

IF(

   ISFILTERED('날짜'[Date]),

   ERROR("시간 인텔리전스 빠른 측정값은 Power BI에서 제공하는 날짜 계층 구조 또는 기본 날짜 열을 통해서만 그룹화하거나 필터링할 수 있습니다."),

   VAR __LAST_DATE = ENDOFMONTH('날짜'[Date].[Date])

   VAR __DATE_PERIOD =

     DATESBETWEEN(

       '날짜'[Date].[Date],

       STARTOFMONTH(DATEADD(__LAST_DATE, -6, MONTH)),

```
        ENDOFMONTH(DATEADD(__LAST_DATE, 6, MONTH))
    )
RETURN
    AVERAGEX(
        CALCULATETABLE(
            SUMMARIZE(
                VALUES('날짜'),
                '날짜'[Date].[연도],
                '날짜'[Date].[QuarterNo],
                '날짜'[Date].[분기],
                '날짜'[Date].[MonthNo],
                '날짜'[Date].[월]
            ),
            __DATE_PERIOD
        ),
        CALCULATE(SUM('영업'[판매금액]), ALL('날짜'[Date].[일]))
    )
)
```

통계학적 접근으로 년도/분기/월/일별로 전후 기간 평균 값으로 롤링 계산하는 이유는 향후 추정되는 데이터의 오차 범위인 편차를 최소화해서 데이터 분석할 때 사용한다.

## 17 누계

- 계산: 누계, 기준 값: 〈영업〉-[판매금액] 합계 값, 날짜:[Date], 방향: '오름차순'
- 데이터 차트에 〈날짜〉-[Date], [영업합계], [17_Date의 판매금액 누계]를 추가한다.
- 날짜별로 총 판매 누계금액인 '777,025'를 보여준다.

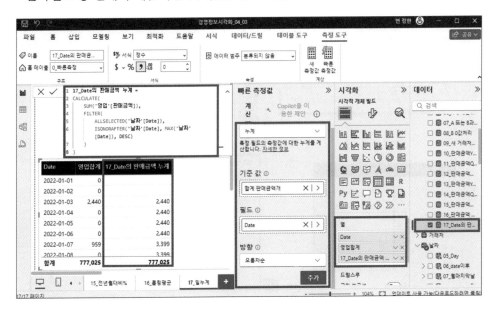

**[설명]**

17_Date의 판매금액 누계 =

CALCULATE(

   SUM('영업'[판매금액]),

   FILTER(

      ALLSELECTED('날짜'[Date]),

      ISONORAFTER('날짜'[Date], MAX('날짜'[Date]), DESC) ) )

- ISONORAFTER 함수는 ISAFTER와 유사하다. 차이점은 ISONORAFTER가 필터 값에 정렬된 값에 대해 true를 반환하고, 여기서 ISAFTER는 필터 값 이후에 엄격하게 정렬된 값에 대해 true를 반환한다.
- 시작일 기준으로 일별 누계로 계산한다.

- 계산: 누계, 기준 값: 〈영업〉-[판매금액] 합계 값, 범주:〈날짜〉-[Date]
- 데이터 차트에 〈날짜〉-[Date], [영업합계], [18_Date에 대한 판매금액 합계]를 추가한다.
- 날짜별로 총 판매 누계금액인 필터링된 '777,025'를 보여준다.

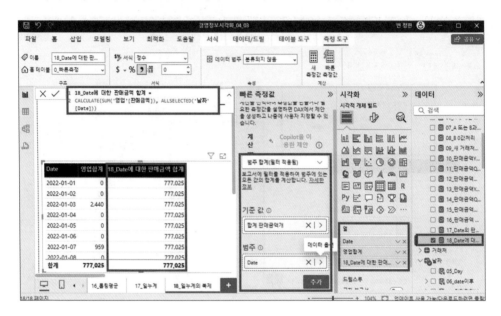

**[설명]**

18_Date에 대한 판매금액 합계 =

CALCULATE(SUM('영업'[판매금액]), ALLSELECTED('날짜'[Date]))

- ISONORAFTER 함수는 인수가 하나 있는 경우 인수는 tableName 또는 columnName이다. 둘 이상의 인수가 있는 경우 동일한 테이블의 열이어야 합니다.
- 이 함수는 쿼리 내에서 명시적으로 설정된 모든 필터를 유지하고 행 및 열 필터 이외의 모든 컨텍스트 필터를 유지하므로 ALL()과 다르다.
- 필터링 적용된 전체 누계로 계산한다.

- 계산: 누계, 기준 값: 〈영업〉-[판매금액] 합계 값, 범주:〈날짜〉-[Date]
- 데이터 차트에 〈날짜〉-[Date], [영업합계], [19_Date에 대한 판매금액 합계]를 추가한다.
- 날짜별로 총 판매 누계금액인 필터링이 제거된 전체 '777,025'를 보여준다.

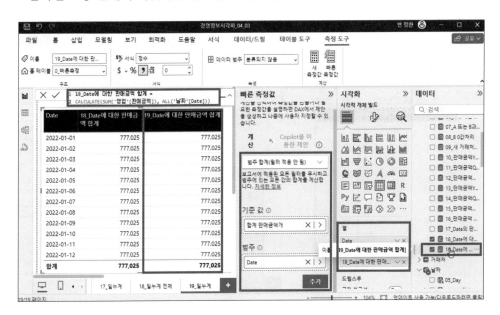

**[설명]**

19_Date에 대한 판매금액 합계 =

CALCULATE(SUM('영업'[판매금액]), ALL('날짜'[Date]))

- ALL 함수는 모든 위치에서 모든 필터를 제거한다. ALL()은 필터를 지우는 데만 사용할 수 있지만 테이블을 반환하는 데는 사용할 수 없다.
- 필터링 적용 제거된 전체 누계로 계산한다.

- 계산: 추가, 기준 값: 〈영업〉-[판매금액] 합계 값, 추가할 값: 〈영업〉-[구매금액] 합계 값
- 데이터 차트에 〈날짜〉-[Date], [총구매금액], [총판매금액], [20_판매+구매]를 추가한다.
- 날짜별로 [총구매금액] + [총판매금액]를 계산하고, 총합계 '1,864,295'를 보여준다.

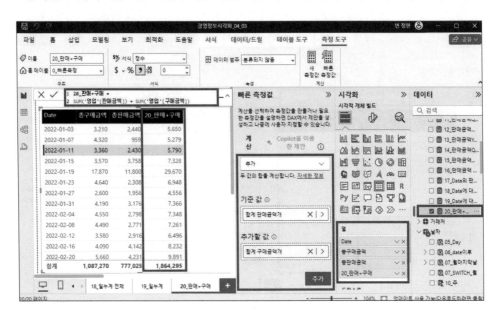

**[설명]**

20_판매+구매 =

SUM('영업'[판매금액]) + SUM('영업'[구매금액])

- 2개의 필드를 추가해서 합계를 계산한다.
- 혹은 Dax 함수를 수정해서 다른 함수로 변경한다.

- 계산: 빼기, 기준 값: 〈영업〉-[구매금액] 합계 값, 뺄 값: 〈영업〉-[판매금액] 합계 값
- 데이터 차트에 〈날짜〉-[Date], [총구매금액] , [총판매금액], [21_구매-판매]를 추가한다.
- 날짜별로 [총구매금액] - [총판매금액]를 계산하고, 총합계 '310,245'를 보여준다.

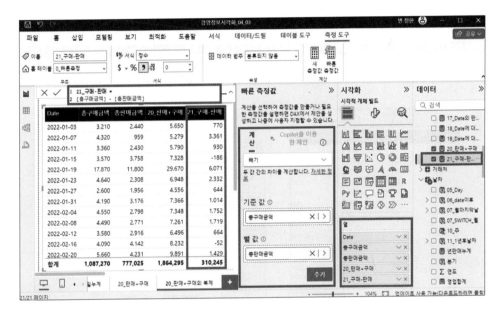

**[설명]**

21_구매-판매 =

[총구매금액] - [총판매금액]

- 2개의 필드를 기준 값으로 빼기를 계산한다.
- 혹은 Dax 함수를 수정해서 다른 함수로 변경한다.

- 계산: 곱하기, 기준 값: 〈영업〉-[수량] 합계 값, 곱할 값: 〈영업〉-[판매단가] 합계 값
- 데이터 차트에 〈날짜〉-[Date], [합계수량] , [합계판매단가], [22_수량 x 판매단가]를 추가한다.
- 날짜별로 [합계수량] x [합계판매단가]를 계산하고, 총합계 '3,236,856,800'을 보여준다.

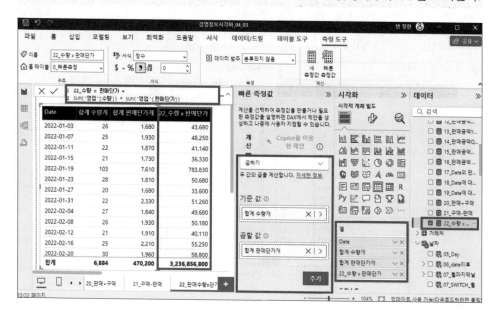

**[설명]**

22_수량 x 판매단가 =

SUM('영업'[수량]) * SUM('영업'[판매단가])

- 2개의 필드를 기준 값으로 곱하기를 계산한다.
- 혹은 Dax 함수를 수정해서 다른 함수로 변경한다.

# 23 나누기

- 계산: 나누기, numerator 값: 〈영업〉-[판매금액] 합계 값, denominator: 〈영업〉-[구매금액] 합계 값
- 데이터 차트에 〈날짜〉-[Date], [총구매금액], [총판매금액]을 추가한다.
- 날짜별로 [합계수량] x [합계판매단가]를 계산하고, 총합계 '3,236,856,800'을 보여준다.

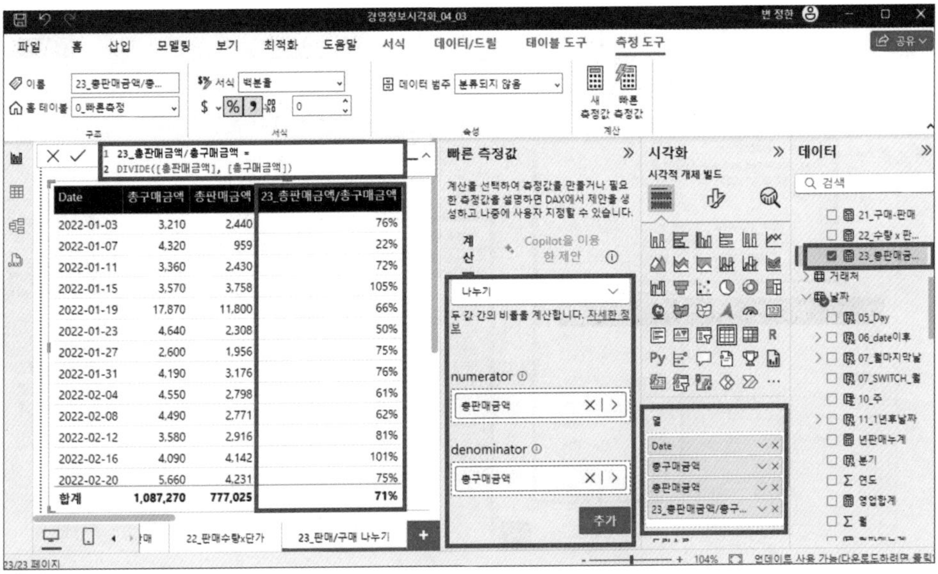


**[설명]**

23_총판매금액/총구매금액 =

DIVIDE([총판매금액], [총구매금액])

- 2개의 필드를 기준 값으로 나누기를 계산한다.
- 혹은 Dax 함수를 수정해서 다른 함수로 변경한다.

- 계산: 백분율차이, 기준 값: 〈영업〉-[판매금액] 합계, 비교할 값: 〈영업〉-[구매금액] 합계
- 데이터 차트에 〈날짜〉-[Date], [총구매금액], [총판매금액], [24_판매/ 총구매금액%]를 추가한다.
- 백분율 차이를 계산하고, 전체 '39.93%'를 보여준다.

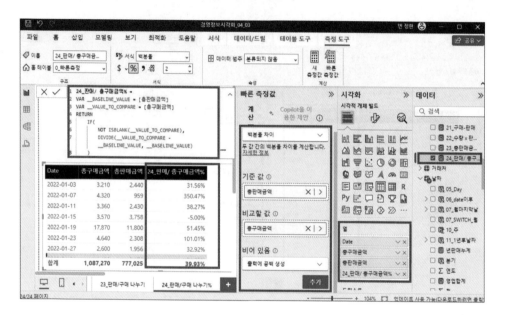

**[설명]**

24_판매/ 총구매금액% =

VAR __BASELINE_VALUE = [총판매금액]

VAR __VALUE_TO_COMPARE = [총구매금액]

RETURN

  IF(

    NOT ISBLANK(__VALUE_TO_COMPARE),

    DIVIDE(__VALUE_TO_COMPARE − __BASELINE_VALUE, __BASELINE_VALUE) )

- ([총구매금액] −[총판매금액])/[총판매금액]으로 %를 계산한다.
- 혹은 Dax 함수를 수정해서 다른 함수로 변경한다.

- 계산: 상관계수, 범주: 〈영업〉-[제품], 측정값 X:[판매금액] 합계, 측정값 Y:[구매금액] 합계
- 데이터 차트에 〈제품〉-[구분], [24_판매/ 총구매금액%]를 추가한다.
- 백분율 차이를 계산하고, 전체 '39.93%'를 보여준다.

**[설명]**

25_제품에 대한 총판매금액 및 총구매금액 상관 관계

함수 생략

- [구매]와 [판매] 간의 상관계수를 작성하는 데 있어서 다양한 통계적 지식이 요구되는 관계로 설명은 생략한다.

- 계산: 별 등급, 기준 값: 〈영업〉-[구매금액] 합계, 별개수: 5, 최저 별등급: 0, 최고 별등급: 100
- 데이터 차트에 〈제품〉-[구분], [26_총판매금액 별 등급]을 추가한다.
- 백분율 차이를 계산하고, 전체 '39.93%'를 보여준다.

**[설명]**

26_총판매금액 별 등급 =

함수 생략

- 〈제품〉 그룹으로 〈영업〉-[총구매금액]에 대해서 별 개수 5개로 최저 0값 최대 100개까지 표시된다.

- 계산: 연결된 값 목록, 필드: 〈순위〉-[이름], 자르기 전의 값 개수: 5

- 데이터 차트에 〈순위〉-[반] 그룹으로 [27_이름개 값 목록]을 추가한다.

- 각 반별로 텍스트 [이름]을 콤마 기준으로 한 줄에 5개씩 데이터를 보여준다.

**[설명]**

27_이름개 값 목록 =

함수 생략

- 〈순위〉-[반] 그룹으로, 텍스트 데이터인 〈순위〉-[이름]를 한 열에 5씩 콤마로 구분해서 데이터가 표시된다.

V

시각화
응용

# 시각화 응용

이 책의 예제파일은 https://cafe.naver.com/office2080에 공지글로 게시되어 있다.

시각화 모의 테스트 문제를 보면

1단은 파워 쿼리

2단은 시각화 개체

3단은 시각화 응용 통합으로 나눠서 문제가 출제되었다.

현실적으로 데이터 베이스(MS SLQ, ORCALE etc)를 이용해서 바워 비아이를 개체 시각화와 AI 패턴 분석에 초점을 맞추어져 있지만, 경영정보화 모의 테스트는 엑셀 데이터 기준으로 Power BI 학습을 진행한다.

> 학습에 사용된 **예제 데이터는 엑셀**로 구성되어 있다. **성적관리**는 반별 성적이 있고, 별도 기본 학생 정보와 연결되어 있으며, **영업관리**는 영업과 기본 거래처, 제품간에 연결되어 있다.

경영정보 시각화 문제에서

1. 성적관리로 단일 데이터 처리 문제(30%),

2. 영업 관리 데이터로 개별 시각화(30%),

3. 응용 시각화(30%)를 학습한다.

최대한 반복 설명은 생략하고 모의 테스트 모델 중심으로 Power BI를 마스터한다.

# 1 데이터 가져오기

### 학습 예제 데이터의 특징

1. 엑셀 파일 : '02_데이터' 파일은 〈성적관리〉, 〈영업관리〉 관련 시트로 구성되어 있다.

2. 병합 폴더_XLS : 반별 성적이 엑셀 파일로 구성되어 있다.

3. 병합 폴더_TXT : CSV 형식의 텍스트 파일로 구성되어 있다.

엑셀 파일 가져오기는 앞 절에서 설명하였다. 2번 병합 폴더로 특정 폴더를 선택하면,
동일한 형식의 엑셀 파일의 데이터를 가져오기 과정을 설명한다.

**1** [홈]-[데이터가져오기]-[데이터] 그룹에서 데
이터 가져오기-[폴더]를 클릭한다.

**2** 병합하는 폴더를 선택/확인하는데 선택 폴더 안에는 다른 불필요한 파일이 있으면 안 된다.

**3** [데이터 변화] 버튼을 클릭하면 파워 쿼리로 열린다.

**4** 가져온 데이터를 보면 적용 단계가 "원본"으로 되어 있으며, 첫 번째 필드의 제목에 왼쪽 활성화 [화살표]를 선택한다.

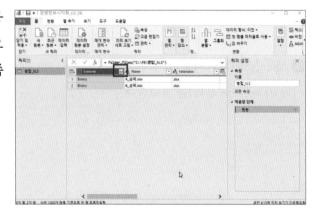

**5** 파일 병합 첫 번째 파일을 선택해서 동일한 형식으로 저장된 데이터 시트를 선택한다.

**6** 필요없는 [필드]는 삭제하고, 각 [필드] 값 형식 등을 편집한다.

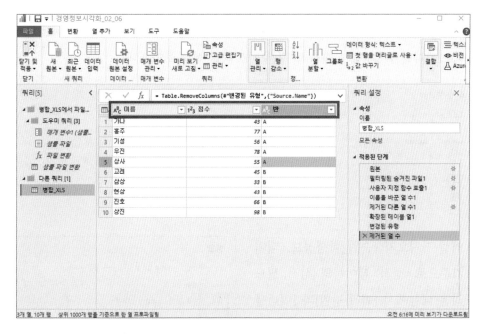

지금까지 폴더 형식의 데이터 가져오기를 알아보았다.

다음은 텍스트 파일을 [가져오기]를 학습한다.

**7** [홈] - [새 원본] 메뉴에 있는 데이터 가
져오기에서 '텍스트/CSV'를 선택한다.

> 실습을 위해 예제 파일 'A_순위.txt' 파일을
> 불러온다.

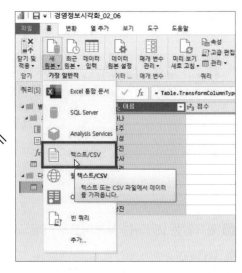

**8** 텍스트 파일을 선택하고 형식 및 구분 기호 등을 선택 확인한다.

**9** 엑셀 가져오기 〈순위_학생정보〉 테이
블 기준으로 〈성적〉 테이블의 [성적] 필드
를 리본 메뉴에서 [쿼리 병합]과 [쿼리를
새항목으로 추가]를 학습한다. 주의할 것
은 병합 기준의 필드를 위/아래 [이름] 필
드를 선택해야 연결된다.

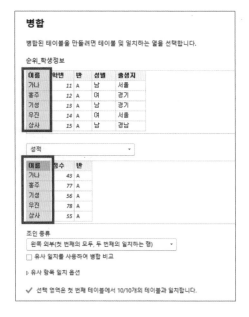

🔟 성적] 필드의 확장 화살표를 클릭해서 [점수] 필드만 선택하고 나머진 체크 해지한다. 그리고, [원래 열 이름을 접두사로 사용]은 해지한다.

⓫ 쿼리 병합 기능으로 [점수] 필드의 값이 맞는지를 확인한다.

> [쿼리 속성] 창의 [적용된 단계별] 활용하라! 이 기능은 단계별 데이터 흐름 상태를 파악할 수 있어서 학습 효과가 크다.

⓬ 〈순위_학생정보〉 기준으로, 〈A_순위〉/〈B_순위〉를 하나의 〈신규_순위〉 테이블 관계를 만드는 과정을 소개한다. 이제부터 2 개의 테이블을 병합한다.

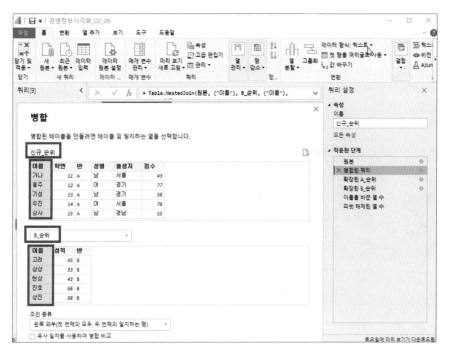

⓭ 처음 〈순위_학생정보〉 테이블 기준으로 메뉴 [홈]-[쿼리 병합]-[쿼리를 새항목으로 병합]을 클릭한다. 그리고 확장 기능에서 가져오고자 하는 〈A_순위〉 테이블의 [성적] 필드만 체크한다.

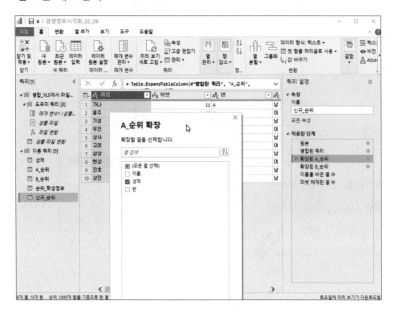

⓮ 다시 작성된 테이블 〈신규_순위〉기준에서 〈B_순위〉 테이블을 [쿼리 병합] 방식으로 필드 [성적]만 추가한 후에 추가된 [A], [B] 필드를 동시 선택한 후에 [열 피벗 해제]를 실행한다.

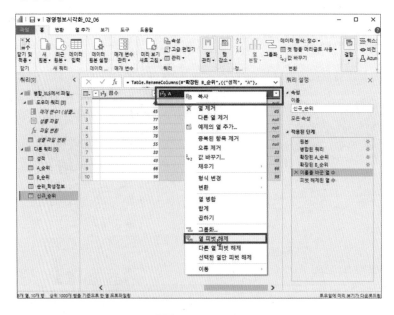

**15** 그러면 [특성], [값] 필드가 추가되며, [특성] 필드명을 [반] 필드로 변경한다.

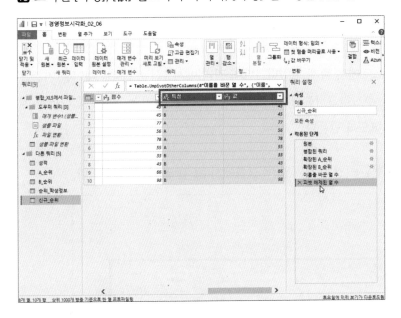

> **팁** 특히 [쿼리를 추가] 기능은 데이터를 행으로 추가 개념이다. 3개 이상의 테이블에 있는 행을 단일 테이블로 연결한다.

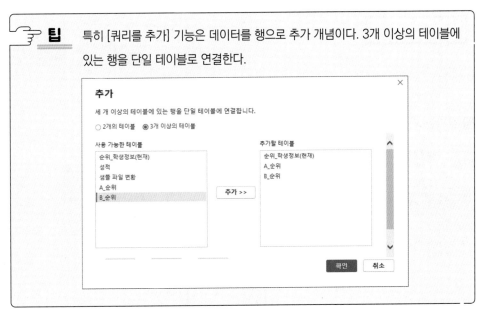

이 분야는 모의 테스트에서 출제 되었다. [파워 쿼리]에서 〈신규_순위〉 테이블 기준으로 필드명 "지역"을 추가하고, [출생지] 필드의 값이 '서울, 경기'는 "수도권" 나머지 지역은 "기타"로 표시하도록 만든다.

**1** 파워 쿼리에서 [변환]-[열 추가]-[일반] 그룹에서 [조건 열] 선택/확인한다.

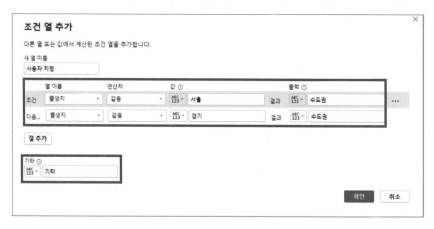

**2** 결과는 다음과 같다.

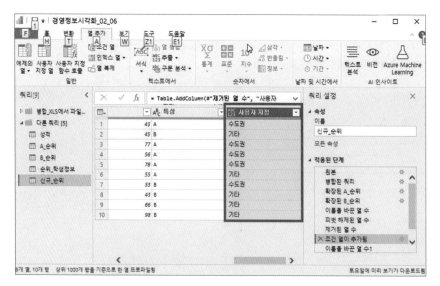

❸ [사용자 지정] 필드명을 "지역"으로 필드명을 변경한다. 특히 파워 쿼리 [열추가]-[일반]에서 보면, [사용자 지정 열], [조건부 열], [열 복제]로 구성되어 있는데, [사용자 지정 열]은 간단한 함수식으로 필드를 추가 계산할 수 있다.

간단한 함수식으로 열 [필드] 이름간 계산식 등 병합해서 새로운 필드를 만든다.

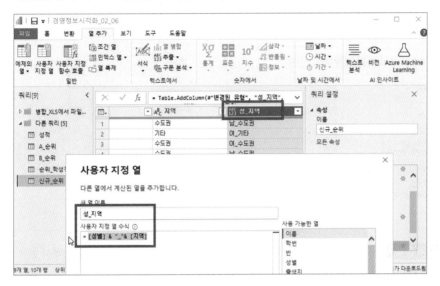

**1** Power BI [관계]에서 특정 [테이블]을 삭제하면, [파워 쿼리]에서도 삭제되어 데이터 복구가 안되기 때문에 시험 때 주의가 필요하다.

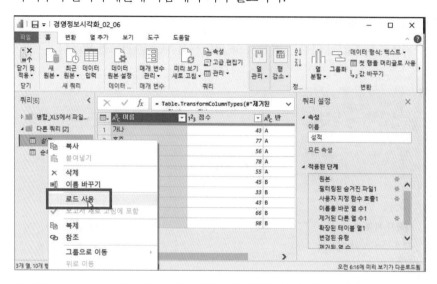

🔍 **시각화 문제**  [관계]에서는 〈순위_학생정보〉/〈성적〉만 보이도록 하고, [파워 쿼리]에서 필요한 테이블만 보이도록 하는 [로드 사용] 설정을 마스터한다.

**2** 파워 쿼리에서 테이블 〈성적〉을 [로드 사용]을 선택 체크한 후에 [닫기 및 저장]을 해야, Power BI에서 테이블이 보여진다.

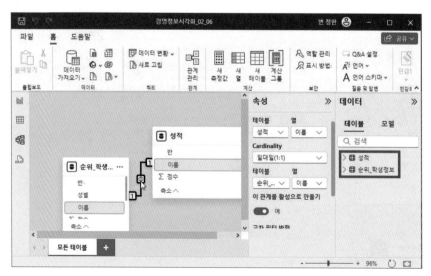

주의할 것은 관계 설정이 테이블 간 이름이 동일하다면 자동으로 연결이 되지만, 테이블 간 [필드] 연결 이름이 다르다면, 직접 관계를 설정해야 한다.

❸ [관계 설정] 방식은 2가지가 있다. 첫 번째 방식은, 마우스로 연결하고자 하는 필드를 [드래그 앤] 방식으로 연결하는 것이고, 두 번째 방식은 [홈]-[관계] 그룹에서 [관계 관리]를 클릭해서 연결하는 것이다.

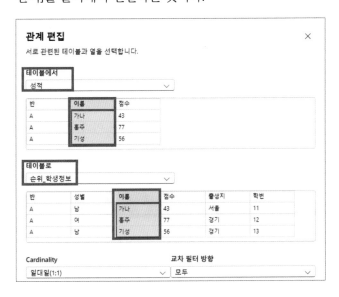

## 관계 설정

리본 메뉴를 통해서 [관계 설정]을 학습한다.

학생 정보에는 모든 학생의 정보 즉, 퇴학/전학 학생 정보 모두를 담고 있다. 따라서, 어느 테이블 기준으로 하는가에 따라서 문제가 달라진다. 만약에 위와 같이 1대1로 설정하면, 현재 이름만 같은 내용으로 분석을 한다.

그러나 시각화 문제에서 전체 학생인 〈순위_학생정보〉 테이블로 분석하라는 문제가 나오면 다른 결과를 얻을 것이다. 앞에서 설명한 퇴학/전학생 등 모두 포함되어서 분석하게 된다.

시각화 문제를 풀 때 이런 정도의 고급 관계 설정 문제가 나올 것 같지는 않지만, 상당한 학습이 요구된다. 뒤에 관계 설정하는 영업 판매 관계는 다음과 같다.

영업관련 테이블을 보면, "영업, 거래처, 제품"으로 [관계]가 설정되어 있다. [관계]에서 신규 [레이아웃] "영업" 이름으로 추가한 후에 〈영업〉 기준으로 관계 설정 문제도 가능하며, [관계] 페이지 추가도 학습한다.

[관계 설정]을 확인 및 관계형 [레이아웃 이름]을 "영업"이라고 변경한다. 관계 [모든 테이블]은 전체 테이블이 표시되지만, 각 레이아웃을 추가해서 관련된 테이블만 별도로 [관계 설정]을 할 수도 있다.

영업 데이터인 〈영업〉 테이블로 분석할 것인가? 기초정보 〈제품〉, 〈거래처〉 테이블로 분석할 것인가? 기준에 따라서 다양한 결과를 얻을 수 있기에 [관계] 설정 기준점을 정확히 이해해야 한다.

## 4 [새 측정] 값인 DAX 함수와 관계 설정

### DAX 함수

[새 열]에는 3가지 유형 DAX 함수가 있는데, **❶ 계산 작성용 [새 측정값] DAX 함수, ❷ 마법사의 [빠른 측정 값], ❸ [새 열]로 DAX 함수**가 있다. 시각화 문제에서 시각화 개체 차트의 차별성은 없지만 DAX함수가 약 20% 이상을 차지하고 있어 시험의 당락을 결정한다. 그러면 어떻게 DAX 함수를 마스터할 것인가?

DAX 함수는 절대 어렵지 않다. 지금부터 〈성적〉, 〈영업〉 및 기준 정보 테이블을 가지고 DAX 함수를 학습해보자. 마지막에는 〈성적〉 및 〈영업〉 기준으로 모의 테스트 문제 유형 A/B에 맞추어서 복합적으로 만들어서 학습을 진행한다.

### DAX 함수 기본

1. 테이블 〈성적〉에서 관련 DAX 기본 함수를 학습한다.

| 번호 | 이름 | 점수 | 반 |
|---|---|---|---|
| 1 | 가나 | 43 | A |
| 2 | 홍주 | 77 | A |
| 3 | 기성 | 56 | A |
| 4 | 우진 | 78 | A |
| 5 | 상사 | 55 | A |
| 6 | 고려 | 45 | B |
| 7 | 삼상 | 33 | B |
| 8 | 현상 | 43 | B |
| 9 | 진호 | 66 | B |
| 10 | 상진 | 98 | B |

다음과 같이 테이블 〈성적〉으로 계산되는 DAX 함수를 정리해 보았다.

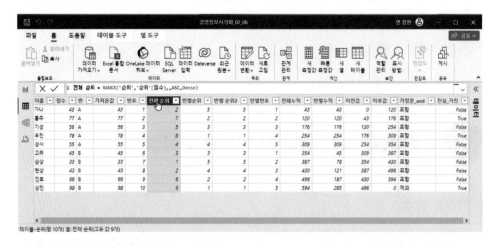

〈성적〉 관련 DAX 함수를 다음과 같이 정리하였다.

➤ 가져온 값 = '순위'[점수]

☞ 함수의 테이블 참조는 " ' " 시작으로 DAX 함수는 엑셀 함수 보다는 데이터베이스 함수에 더 가깝다.


➤ 전체 순위 = RANKX('순위','순위'[점수],,ASC,Dense)

☞ RANKX 함수로 낮은 점수부터 1위 시작으로 오름 차순으로 순위를 지정한다.


➤ 반별순위 = RANKX (

　FILTER (

　　ALL ('순위'),

　　'순위'[반] = EARLIER ('순위'[반] )

　　-- && '순위'[점수] = EARLIER ('순위'[점수] )

　　　　),

　'순위'[점수],,

　DESC,

　DENSE

　)

☞ 중간에 "—"는 주석 처리 개념이다.

필드 [반] 기준으로 높은 점수기준으로 1위 [내림차순]을 한다. 특히 필터 DAX는 출제
는 기본이며, '순위'[반] = EARLIER ( '순위'[반] ) 내용은 기준 EARLIER [반] 기준으로
현재 레코가 같은 그룹 내에서 포함되는지 안 되는지를 알려준다. 점수 기준으로
DESC 내림 차순으로 DENSE가 있다면, 동점자를 공통 처리하고 "1,2,2,4" 처리한다.

➤ 반별 순위2 = COUNTROWS(
    FILTER(
     FILTER('순위',
       EARLIER('순위'[반])='순위'[반]),
        EARLIER('순위'[점수])<='순위'[점수]
   )
  )

☞ 위에 반별 순위를 다른 함수로 'COUNTROWS'를 추가해서 작성하는 방법을 소개한다.

➤ 반별번호 = RANKX (
  FILTER (
    ALL ( '순위' ),
    '순위'[반] = EARLIER ( '순위'[반] )
    -- && '순위'[점수] = EARLIER ( '순위'[점수] )
      ),
  '순위'[번호],,
  ASC,
  DENSE
  )

☞ 반별로 번호 오름 차순으로 숫자를 입력한다.

➤ 전체누적 = CALCULATE (
  SUM ( '순위'[점수] ),

ALL ('순위'),

'순위'[번호] <= EARLIER( '순위'[번호])

)

☞ 필드 [번호] 첫 번째 레코드부터 누계를 계산한다. 특히 〈영업〉에서 판매 누계를 계산할 때 많이 사용된다.


➤ 반별누적 = CALCULATE(SUM('순위'[점수]),

FILTER('순위',

'순위'[번호] <= EARLIER('순위'[번호])

&& '순위'[반]=EARLIER('순위'[반])))

☞ 반별로 점수를 번호 순서에 맞추어서 누계로 계산한다.


➤ 이전값 =

IF(ISBLANK(LOOKUPVALUE('순위'[전체누적],'순위'[번호],'순위'[번호]-1)),0,

LOOKUPVALUE('순위'[전체누적],'순위'[번호],'순위'[번호]-1))

☞ 번호 순으로 전체누적 이전 값을 계산한다.


➤ 이후값 = IF(ISBLANK(LOOKUPVALUE('순위'[전체누적],'순위'[번호],'순위'[번호]+1))

,0,LOOKUPVALUE('순위'[전체누적],'순위'[번호],'순위'[번호]+1))

☞ 번호 순으로 전체누적 이후 값을 계산한다.


➤ 가정문_and = IF(AND('순위'[점수] > 80, '순위'[전체 순위] < 10), "제외", "포함" )

☞ 가정 조건문으로 특정 데이터를 문자로 표시한다.


➤ 진실_거짓 = IF('순위'[점수] >75, TRUE(), false())

☞ 특정 점수가 크다면 참과 거짓으로 표시한다.


이것만 이해를 한다면, DAX 기본 함수는 마스터한 것이다. 절대로 DAX 함수를 외울

수가 없다. 이런 로직을 이용해서 DAX 함수 서식을 이해하도록 한다.

출제된 SUM, COUNTROWS를 만들어 보자.

합계 = SUM('순위'[점수])

레코드 = COUNTROWS('순위')

작성된 예제를 보면 충분히 이해될 것이다.

> 2024년 1월 이후에 출시된 Power BI 버전에는 DAX 함수의 실행을 확인 하는 기능이 추가되
> 었다.

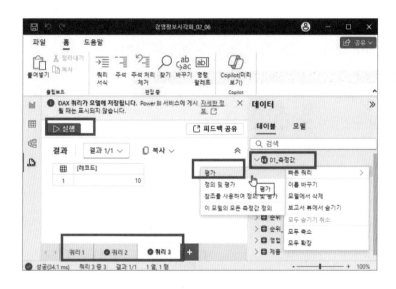

새롭게 추가된 [DAX] 메뉴를 선택한 후에 테이블 〈01_측정값〉의 개별 필드 [레코드],
[합계]를 선택한 후에 [평가]를 클릭하면, 데이터 결과 값으로 변환되어 보여준다.

▶ 각 반별 합계를 구한다.

A반_합계 = CALCULATE([합계],FILTER('순위','순위'[반]="A"))

B반_합계 = CALCULATE([합계],FILTER('순위','순위'[반]="B"))

그리고

▶ 〈순위〉 테이블에서

반합계 = CALCULATE(SUM('순위'[점수]), FILTER('순위', '순위'[반] = EARLIER('순위'[반])))

DAX 함수로 반별 총합계를 확인한다.


▶ 반에서 개인별 %를 구한다.

반별_평균% = '순위'[점수]/'순위'[반합계]

[반합계]로 점수를 나누면, 각자의 반별 분포도를 계산한다.


▶ 반별 합계를 구한다.

012_순위_반 = SUMMARIZE('순위','순위'[반],"합계",SUM('순위'[점수]))

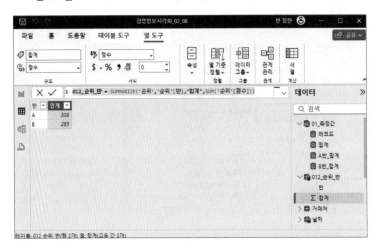

SUMMARIZE는 [새 측정값] 저장될 〈테이블 이름〉으로 데이터가 저장된다.


▶ 반의 개수는

반_개수 = DISTINCTCOUNT('012_순위_반'[반])

테이블 〈01_측정값〉에서 반 개수 계산해서 〈순위〉 테이블에 표시가 된다.

**➤ 나누기 = DIVIDE('순위'[점수],sum('순위'[점수]))**

DIVIDE 함수로 총합계의 개인별 비율 %를 구한다.

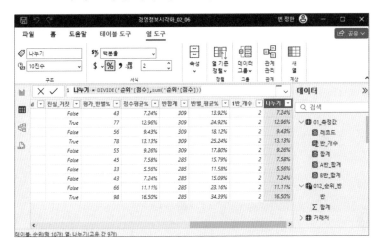

## DAX 함수 예제

〈영업〉 테이블을 가지고 판매금액 DAX 함수를 학습한다.

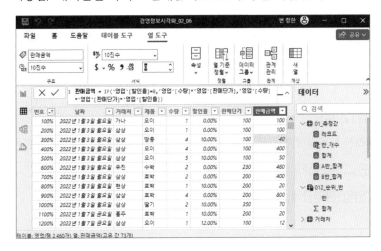

판매금액 = IF('영업'[할인율]=0,'영업'[수량]*'영업'[판매단가],'영업'[수량]*'영업'[판매단가]*
'영업'[할인율])

DAX [새 측정값] 함수가 정상적으로 계산되기 위해서는 기본적으로 테이블 〈날짜〉와 〈영업〉 간 정확한 연결 관계형이 되어 있어야 한다.

🔍 시각화 문제  [관계 설정]하라는 문제가 나온 후에 DAX 함수가 출제될 가능성이 높다. 따라서 먼저 관계형을 체크 확인 후에 DAX 함수를 작성한다.

[년 판매금액]은 다음과 같이 작성한다.

판매금액YTD =
IF(
    ISFILTERED('영업'[날짜]),
    ERROR("시간 인텔리전스 빠른 측정값은 Power BI에서 제공하는 날짜 계층 구조 또는 기본 날짜 열을 통해서만 그룹화하거나 필터링할 수 있습니다."),
    TOTALYTD(SUM('영업'[판매금액]), '영업'[날짜].[Date])
)

TOTALYTD를 갖고 년별로 날짜별 데이터를 계산한다.

년판매누계 = CALCULATE(SUM('영업'[판매금액]), DATESYTD('날짜'[Date]))

월판매누계 = CALCULATE(SUM('영업'[판매금액]), DATESMTD('날짜'[날짜]))

열일합계 = TOTALYTD(SUM('영업'[판매금액]),'날짜'[날짜].[Date]) 등등

영업합계 = IF(ISBLANK(CALCULATE(SUM('영업'[판매금액]))),0, CALCULATE(SUM('영업'[판매금액])))

테이블 〈날짜〉 카랜더 기준으로 정확히 일별 판매를 계산하기 위해서는 ISBLANK 함수로 계산한다. 다양한 날짜별 계산 DAX 함수는 다음 장에서 자세히 학습한다.

## 5 Power BI 메뉴

Power BI 예제파일 **경영정보시각화_02_05.PBIX** 파일로 설명을 하며, 시각화 모의 테스트처럼 테이블 〈성적〉, 〈영업〉을 가지고 학습을 한다.

**1** 데이터 가져오기 및 [파워 쿼리]에 대해 정확한 이해와 사용방법을 학습한 후에 삽입 메뉴의 [요소] 그룹에서 텍스트 상자의 문제는 다음과 같이 해결한다. 텍스트 개체를 추가한 후에 글꼴, 사이즈, 맞춤을 지정하는데, 특히 [단추] 그룹에서 탐색기(책갈피 탐색기, 페이지 탐색기)를 학습한다.

**2** 먼저 시각화 문제는 3페이지마다 문제 위치에 대해서 캔버스 배경을 통해서 페이지 맞춤 사이즈, 투명도를 0으로 지정한다. [캔버스 배경]에서 색, 이미지 파일, 맞춤, 투명도를 지정할 수 있다.

❸ 배경 스타일 지정 문제는 기본적으로 출제가 되며, 현재 테마 사용자 지정에서 좌측 탭 창 [이름 및 색부터 필터링]까지, 배경색 관련 정확한 문제를 이해해야 한다. [배경색 테마]에서 [텍스트] 테마 [색 1]은 어떤 헥사 값 지정하라는 구체적인 질문에 맞춰서 작성한다.

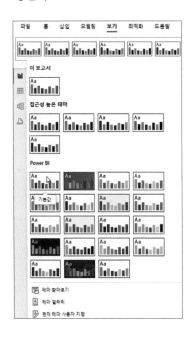

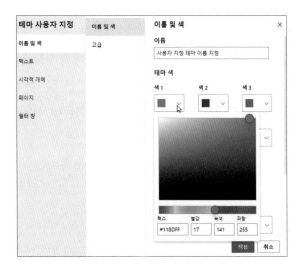

**4** 이외 [보기]-[[창 표시]에 [필터, 책갈피]가 [보고서] 창으로 보이도록 설정한 후에, 필터는 시각화 개체와 연결한다.

[책갈피]는 앞에서 소개하였으며, 다양한 버튼으로 [책갈피]를 작성한다.

예제로 제공되는 [Power BI] 파일을 보면, 시각화 개체 빌드를 통해서 만들어진 1, 2, 3 각 페이지 내용 차트를 보여 주고 있다. 하나씩 문제를 풀어 보도록 한다.

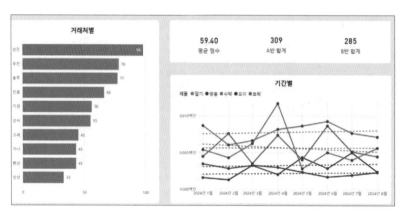

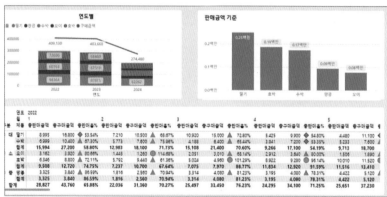

# 시각화 실전문제

이 책의 예제파일은 https://cafe.naver.com/office2080에 공지글로 게시되어 있다.

## 1 시각화 실전문제 01

**1** 슬라이서 만들기

슬라이서를 추가해서 〈날짜〉 테이블의 [연도] 필드를,

1. [서식]-[시각적 개체]-[옵션]에서 [스타일]을 [드롭 다운]으로 설정하고,

2. [서식]-[일반 창]에서 [제목]이 보이지 않도록 해제한다.

**2** 묶은 가로형 막대

〈순위〉 테이블 기준으로 제목을 "거래처별"
이라고 지정하고, Y축은 이름으로 각 점수가
나오도록 지정한다.

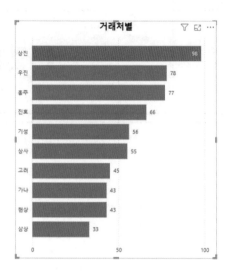

- 특히 주의할 것은 [시각적 개체 빌드]에서
점수의 합계를 지정해야 하는데, 평균 및
분산 등으로 [합계 점수 개]처럼 잘못 지정
될 수도 있다. 값의 항목을 우측 클릭해서
개수, 합계, 평균, 분산 등을 확인을 해서 문
자/숫자 속성인지 확인한다.

- 개체에서 특정 범주 [이름] 필드를 지정해서 막대 색을 다르게 지정도 가능하다.
- [서식]-[일반]에서 [제목] 설정에서 이름 변경 및 글꼴, 색상 및 맞춤 등을 설정한다.

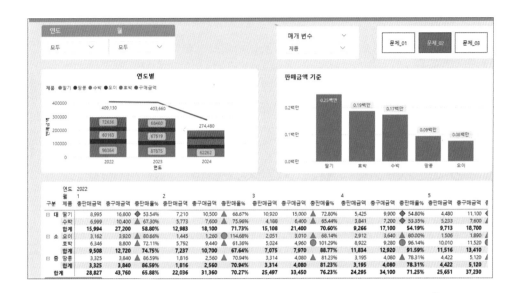

**1** 슬라이서 만들기: 시각화 문제는 상호 편집 시각화를 중점적으로 학습해야 한다.

슬라이서 연도/월은 〈날짜〉 테이블의 [연도], [월]로 작성된 슬라이서를 보여준다.

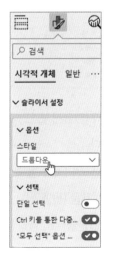

- 처음에는 [연도] 슬라이서, 두 번째는 [월] 슬라이서를 만든다.
- [서식]-[시각적 개체]의 옵션에서 스타일을 [드롭 다운] 방식으로 만들고
- [서식]-[일반]에서 [제목]을 체크 해지한다.

**2** 꺾은 선형 차트

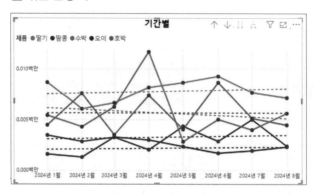

⟨영업⟩ 테이블 기준으로 차트를 만든다.

- X축은 ⟨날짜⟩ 테이블의 [Date] 필드 계층 구조에서 "일"의 계층 구조는 삭제하고, 연/월만 참조하도록 만든다.
- Y축에는 [판매금액] 필드의 Dax 함수는 다음과 같다.

  판매단가 = RELATED('제품'[판매가])

  판매금액 = IF('영업'[할인율]=0,'영업'[수량]*'영업'[판매단가],'영업'[수량]*'영업'[판매단

가]*'영업'[할인율])

즉 제품 테이블을 기준으로 가져온 단가, 그리고 할인율 적용해서 계산한다.

- 시각화 차트 변곡점 마다 "●" 유형 선택 및 크기 색상을 지정한다.
- 시각적 서식 일반에는 [제목]의 텍스트, 크기, 색상, 맞춤 등을 지정한다.
- 특히 [분석]-[추세선]은 각 차트 유형마다 다르기 때문에, 전체 추이를 볼 것인지, 개별 추이를 볼 것인가에 대해서 학습한다.

- 범례의 위치/스타일

## ❸ 카드

3개의 카드를 작성하는데 첫 번째를 갖고 복사해서 필드를 수정하는 방식으로 만든다.

- 평균점수는 [점수] 필드의 평균 값으로 설정한다.
- [A반 합계]는 〈01_측정값〉 테이블의 [A반-합계]의 새 측정값으로 DAX 함수이다.

  A반_합계 = CALCULATE([합계],FILTER('순위','순위'[반]="A"))

- [B반 합계]는 〈01_측정값〉 테이블의 [B반-합계]의 새 측정값으로 DAX 함수이다.

  B반_합계 = CALCULATE([합계],FILTER('순위','순위'[반]="B"))

## ４ 매개변수

[모델링]-[새 매개 변수]그룹에서 매개변수 [필드]를 추가 선택한다. (숫자인 경우에는 숫자 지정), [매개 변수]에 필드 추가 및 마우스 [위/아래] 드래그로 순서 배치를 변경한다.

특히 매개 변수와 다른 시각화 개체를 연결, 서식 [슬라이서 설정]-[선택]에서 단일 선택을 체크한다.[매개변수를 여러 필드를 선택하면 분석될 수 없기 때문에 단일 선택]

• 슬라이서 추가한 후에 〈매개 변수〉 테이블의 [매개 변수]를 [필드]에 추가한다.

• [매개변수] 레이아웃 상태에서 [상황] 탭의 [열 도구]-[구조]의 DAX 함수이다.

```
매개 변수 = {
    ("거래처", NAMEOF('영업'[거래처]), 0),
    ("제품", NAMEOF('영업'[제품]), 1)
}
```

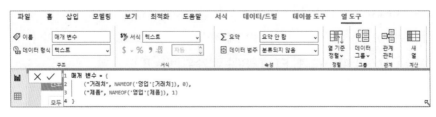

기본적으로 [삽입]-[요소]-[단추] 그룹에서 탐색기 페이지 탐색기를 클릭하면, 기본적으로 페이지 전체 버튼이 작성되는데, 색상 및 상태를 변경한다.

• 버튼을 클릭할 때 등 상황에 따라 선택된 페이지로 이동하도록 개체는 앞에서 소개한 관계로 생략한다 .

설정 적용 대상에 상태를 보면, [기본 값]부터 [선택한 상태]까지 다양한 유형이 있으며, 글꼴 및 색상 지정, 그리고 기본적으로 [채우기]의 버튼 전체 색상 및 투명도 지정한다.

⑥ 꺾은 선형 및 누적 세로 막대

X/Y축의 제목은 표시 및 보존 선형 Y축 포함된 복합 차트이다.

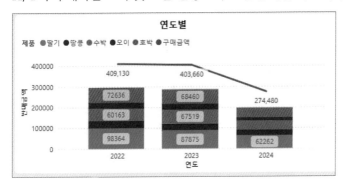

- [시각화 개체 빌드]에는 X축은 연도, Y축에는 판매금액, 선Y축에는 구매금액, 범례에는 제품을 설정한다.
- 서식에서 X/Y 시각화 개체의 유형(연속/범주) 및 값을 설정한다. 특히 유형에서 연속/범주 선택에 따라 차트의 사이즈가 좌우로 변경된다.
- 범례의 옵션 [표시 위치 및 글꼴 및 제목] 등을 지정한다.

### 7 매개변수와 묶는 세로 막대형 연결

매개변수를 선택을 하면, 선택된 X축은 [매개 변수]에 맞추어서 차트가 변경된다.

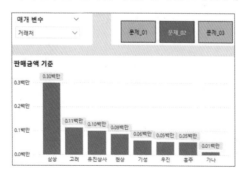

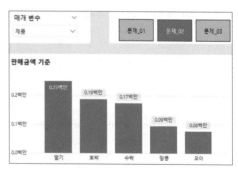

- 슬라이서 [매개 변수] 필드를 [거래처/제품] 선택에 따라서 X축의 필드가 [거래처/제품]으로 변경되어 데이터 값이 바뀌면서 보여준다.

- X축에 [매개변수] 필드를 선택하고, Y축에 [총판매금액] 필드를 선택한다.

  총판매금액 = SUM('영업'[판매금액])

- 서식 열에는 각 제품별 색상을 다르게 지정할 수도 있다.
- 서식에 제목의 [텍스트, 사이즈, 색상, 배경색] 등을 변경할 수도 있다.

## 8 행렬 차트

데이터 필터링을 2024년 1, 2, 3월만 선택되도록, [슬라이서] 상호 작용되도록 만든다.

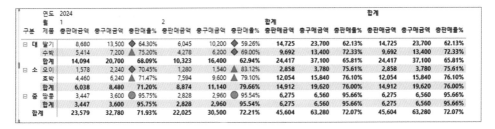

[행]의 데이터와 [열] 필드로 구분되어 [판매금액, 구매금액, 비율%] 값을 계산한다. 그리고 [총판매비율%] 조건부 서식을 학습한다.

  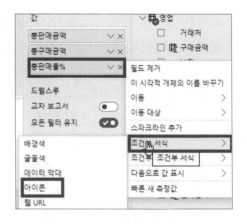

- 시각화 빌드 [행]은 구분/제품, [열]은 연도/월, 값에는 [총판매금액/총구매금액/총판 매율%] 항목이 보인다.

  [새 측정값]으로 작성한다.

  총판매금액 = SUM('영업'[판매금액])

  총구매금액 = SUM('영업'[구매금액])

  총판매율% = DIVIDE('영업'[총판매금액],'영업'[총구매금액],1)

- 특히 [판매율%] 필드는 [조건부 서식-아이콘]으로 작성한다.

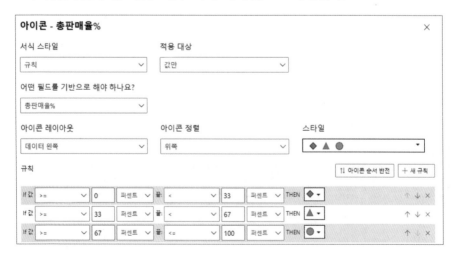

- 아이콘의 값을 지정하는 것은 모의 테스트에서 조건부 서식의 다양한 조건으로 설정 한다.

## 매출 상세내역

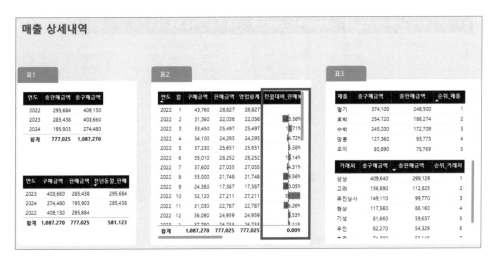

페이지 [문제_03]은 표1, 2, 3으로 구성되어 있다.

**1** 표1은 테이블 차트로 구성되어 있다.

필드 [연도]는 〈날짜〉 테이블 참조,

총구매금액 = SUM('영업'[구매금액])

총판매금액 = SUM('영업'[판매금액])

전년동월_판매 = CALCULATE([총판매금액], SAMEPERIODLASTYEAR('날짜'[DATE]))

는 DAX 함수로 작성한다.

**2** 표2는 필드 [연도,월, 구매금액,판매금액,영업합계,전월대비_판매%] 등으로 구성되어 있다.

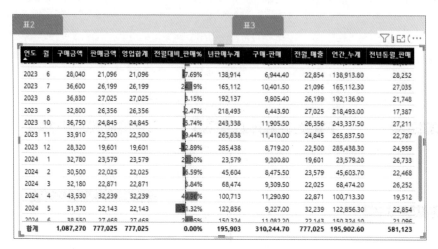

| 연도 | 월 | 구매금액 | 판매금액 | 영업합계 | 전월대비_판매% | 년판매누계 | 구매-판매 | 전월_매출 | 연간_누계 | 전년동월_판매 |
|---|---|---|---|---|---|---|---|---|---|---|
| 2023 | 6 | 28,040 | 21,096 | 21,096 | 7.69% | 138,914 | 6,944.40 | 22,854 | 138,913.80 | 28,252 |
| 2023 | 7 | 36,600 | 26,199 | 26,199 | 24.19% | 165,112 | 10,401.50 | 21,096 | 165,112.30 | 27,035 |
| 2023 | 8 | 36,830 | 27,025 | 27,025 | 3.15% | 192,137 | 9,805.40 | 26,199 | 192,136.90 | 21,748 |
| 2023 | 9 | 32,800 | 26,356 | 26,356 | -2.47% | 218,493 | 6,443.90 | 27,025 | 218,493.00 | 17,387 |
| 2023 | 10 | 36,750 | 24,845 | 24,845 | 5.74% | 243,338 | 11,905.50 | 26,356 | 243,337.50 | 27,211 |
| 2023 | 11 | 33,910 | 22,500 | 22,500 | 9.44% | 265,838 | 11,410.00 | 24,845 | 265,837.50 | 22,787 |
| 2023 | 12 | 28,320 | 19,601 | 19,601 | -12.89% | 285,438 | 8,719.20 | 22,500 | 285,438.30 | 24,959 |
| 2024 | 1 | 32,780 | 23,579 | 23,579 | 20.30% | 23,579 | 9,200.80 | 19,601 | 23,579.20 | 26,733 |
| 2024 | 2 | 30,500 | 22,025 | 22,025 | 6.59% | 45,604 | 8,475.50 | 23,579 | 45,603.70 | 22,468 |
| 2024 | 3 | 32,180 | 22,871 | 22,871 | 3.84% | 68,474 | 9,309.50 | 22,025 | 68,474.20 | 26,252 |
| 2024 | 4 | 43,530 | 32,239 | 32,239 | 40.96% | 100,713 | 11,290.90 | 22,871 | 100,713.30 | 19,512 |
| 2024 | 5 | 31,370 | 22,143 | 22,143 | -31.32% | 122,856 | 9,227.00 | 32,239 | 122,856.30 | 22,854 |
| 2024 | 6 | 38,550 | 27,468 | 27,468 | 24.05% | 150,324 | 11,082.20 | 22,143 | 150,324.10 | 21,096 |
| 합계 | | 1,087,270 | 777,025 | 777,025 | 0.00% | 195,903 | 310,244.70 | 777,025 | 195,902.60 | 581,123 |

총구매금액 = SUM('영업'[구매금액])

총판매금액 = SUM('영업'[판매금액])

빈 셀이 아니라 빈셀 값을 "0" 값으로 입력

영업합계 = IF(ISBLANK(CALCULATE(SUM('영업'[판매금액]))),0, CALCULATE(SUM('영업'[판매금액])))

전월대비_판매% = DIVIDE('날짜'[영업합계]-'01_측정값'[전월_매출],'01_측정값'[전월_매출])

년판매누계 = CALCULATE(SUM('영업'[판매금액]), DATESYTD('날짜'[Date]))

구매-판매 = '영업'[총구매금액]-'영업'[총판매금액]

전월_매출 = CALCULATE([총판매금액], DATEADD('날짜'[Date], -1, MONTH))

연간_누계 = TOTALYTD([총판매금액],'날짜'[DATE])

전년동월_판매 = CALCULATE([총판매금액], SAMEPERIODLASTYEAR('날짜'[DATE]))

와 같은 DAX 함수로 만들었다.

시각화 개체 빌드는 다음과 같다.

**❸** 표3은 다음과 같다.

• 첫 번째는 제품 기준으로 필드 [제품, 총구매금액, 총판매금액, 순위_제품] 등으로 되어 있다.

| 제품 | 총구매금액 | 총판매금액 | 순위_제품 |
|------|-----------|-----------|----------|
| 딸기 | 13,200 | 7,389 | 1 |
| 호박 | 8,480 | 6,372 | 2 |
| 오이 | 3,360 | 3,665 | 3 |
| 땅콩 | 3,760 | 3,080 | 4 |
| 수박 | 4,200 | 1,242 | 5 |

순위_제품 = RANKX(ALL('제품'[제품]),[총판매금액],,DESC,Dense)

제품별 [총판매금액] 필드는 매출이 큰 기준으로 내림 차순으로 만든다.

• 두번째는 거래처 기준으로 필드 [거래처, 총구매금액, 총판매금액, 순위_거래처] 등으로 되어 있다.

| 거래처 | 총구매금액 | 총판매금액 | 순위_거래처 |
|--------|-----------|-----------|-----------|
| 삼상 | 409,640 | 299,129 | 1 |
| 고려 | 156,890 | 112,825 | 2 |
| 유진상사 | 149,110 | 99,770 | 3 |
| 현상 | 117,560 | 86,160 | 4 |
| 기성 | 81,660 | 59,637 | 5 |
| 우진 | 82,270 | 54,329 | 6 |

순위_거래처 = RANKX(ALL('영업'[거래처]),[총판매금액],,DESC,Dense)

모의 테스트 B 유형에 맞추어서 〈순위〉, 〈영업〉 테이블 기준으로 만들어 본다.

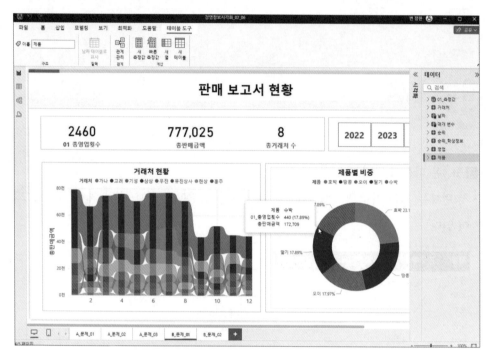
페이지 [B_문제_01]는 기본 시각화는 위와 같다.

**1** 슬라이서 / 개별 3개

| 2460 | 777,025 | 8 |
|---|---|---|
| 01 총영업횟수 | 총판매금액 | 총거래처 수 |

슬라이서는 다음과 같은 DAX 함수를 작성한다.

**01_총영업횟수** = COUNTROWS('영업')

**총판매금액** = SUM('영업'[판매금액])

**02_총거래처수** = DISTINCTCOUNT([거래처])

## ❷ 슬라이서/ 연도별

〈날짜〉테이블의 [연도] 필드로 만든 슬라이서다.

| 2022 | 2023 | 2024 |
|------|------|------|

## ❸ 리본 차트

X축은 〈날짜〉 테이블의 [월] 필드 Y축은 〈영업〉 테이블의 [총판매금액] 필드, 범례는 〈영업〉 테이블의 [거래처] 필드로 만들었다.

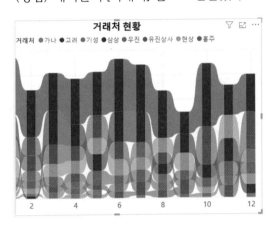

## ❹ 도넛 차트

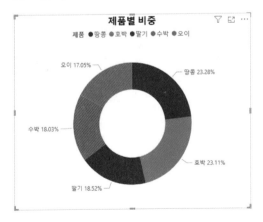

범례는 〈영업〉 테이블의 [제품] 필드 값은 〈영업〉 테이블의 [01_총영업횟수] 필드 및 도구설명은 [총판매금액]으로 작성한다.

01_총영업횟수 = COUNTROWS('영업')

총판매금액 = SUM('영업'[판매금액])

각 범례 별 조각 색상 변경 및 내부 도넛 사이즈 [내부 반경] 크기%를 조정한다.

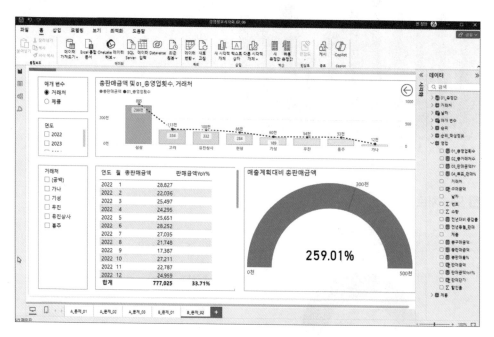

페이지 [B_문제_02]는 응용 시각화는 위와 같다.

**1** 매개변수 및 슬라이서/[꺾은 선형 및 묶음 막대형 및 행렬, 도넛] 차트

[매개변수]로 [꺾은 선형 및 묶음 막대형 차트]의 X축과 연결한다.

슬라이서 [연도], [거래처]로 차트별 [상호 적용]을 설정 변경되도록 학습한다.

**2** [꺾은 선형 및 묶음 막대형] 차트

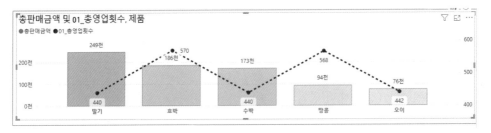

X/Y축의 단위 및 데이터 값의 라벨 설정을 학습한다.

- X축은 [매개변수] 필드로 지정해서 선택된 필드로 X축이 변경되도록 한다.
- 열 Y축은 〈영업〉-[총판매금액]으로 만들고, 서식 [열]에서 [색]-[색]의 함수 클릭, 색상 및 크기를 "0부터 300,000" 사이를 지정한다.
- 선 Y축은 〈영업〉-[01_총영업횟수]를 지정한다.

**❸** 테이블 차트

- 〈날짜〉 테이블의 [연도, 월] 필드를 추가한다.

  총판매금액 = SUM('영업'[판매금액])

  03_판매금액PY = CALCULATE([총판매금액], DATEADD('날짜'[Date], -1, YEAR))

  기준으로 판매금액YoY% = DIVIDE('영업'[총판매금액]-'영업'[03_판매금액PY],'영업'[03_판매금액PY])

  으로 작성한다. (전년 대비 영업 실적 %)

**❹** [게이지] 및 카드 차트

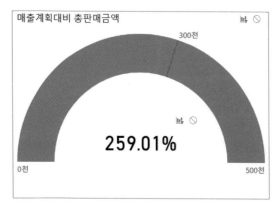

게이지 차트

게이지 매출 계획 대비 및 목표판매 %를 계산한다.

- 최소/최대/대상 값을 지정한다.

- 색은 채우기 및 대상 색상을 지정한다.

- 데이터 레이블 값의 글꼴 및 크기 색상, 단위를 지정한다.

 지금까지 시각화 모의 테스트 기준에 맞추어서, 주제 '성적 및 영업'을 가지고 학습을 하였다. 직접 모의 테스트 A/B 문제를 만들고 해결하는 과정 속에서 빅데이터 플랫폼 시각화 학습이 가능하다.

 결론적으로 다양한 시각화를 모두 마스터할 수 없으며, 반복적인 학습은 기본이며, 시각화 문제를 해결되도록 패턴을 찾아서 학습을 한다.

부록

시행처
공개문제

# 경영정보시각화능력 실기 문제 유의사항

| 프로그램명 | 제한시간 |
|---|---|
| 파워BI 데스크톱 | 70분 |

수험번호 :

성 명 :

---

| 단일 | 경영정보시각화 실무 |
|---|---|

## ─〈 유 의 사 항 〉─

- ■ 시험응시방법 안내에 따라 시험에 응시하여야 하며, 이를 소홀히 하여 발생한 불이익과 책임은 수험자 본인에게 있습니다.
- ■ 답안 파일 위치: C:\PB\답안
- ■ 문제 데이터 파일 위치: [문제1] **C:\PB\문제1_데이터** / [문제2,3] **C:\PB\문제2,3_데이터**
- ■ 작성된 답안은 다음과 같이 저장해야 합니다. 그렇지 않으면 [실격 처리]됩니다.
  - ○ 주어진 경로 및 파일명을 변경하지 말고 그대로 저장
- ■ 답안 저장 시간은 별도로 주어지지 않으므로 수시로 저장하십시오. 중간저장을 하지 않아 생기는 피해에 대한 책임은 수험자에게 있으며, 답안이 저장되지 않을 경우 **[실격 처리]**됩니다.
- ■ 별도의 지시사항이 없는 경우, 다음과 같이 처리할 때 **[실격 처리]**됩니다.
  - ○ 제시된 파일, 페이지/대시보드, 데이터 원본의 이름 및 차원/측정값 속성을 임의로 변경한 경우
  - ○ 제시된 파일, 페이지/대시보드, 데이터 원본을 임의로 삭제, 추가, 변경한 경우
  - ○ 문제 데이터를 시험 시작 전에 열어보는 경우
- ■ 반드시 답안작성은 문제에서 지시한 위치에 작업하여야 하며 다음과 같이 처리시 해당 작업 또는 그 작업에 영향을 미치는 문제, 개체, 페이지 등은 **[감점 및 오답처리]**됩니다.
  - ○ 제시된 함수가 있으면 제시된 함수만을 사용해야 하며 그 외 함수를 사용해 풀이한 경우
  - ○ 임의로 지시하지 않은 차트, 매개변수 등을 이동, 수정(변경), 삭제 등으로 인해 위치 및 내용이 변경된 경우
  - ○ 임의로 기본 설정값(Default)을 변경한 경우
  - ○ 숫자데이터를 임의로 문자화하여 처리한 경우
  - ○ 개체가 해당 영역을 벗어난 경우
  - ○ 개체가 너무 작아 해당정보 확인이 눈으로 어려운 경우

## 데이터 및 문제 안내

1. 수험자가 작성할 답안파일은 1개입니다. 문제1, 문제2, 문제3의 답을 하나의 답안파일(.pbix)로 저장하십시오.

2. 문제1, 문제2, 문제3은 각각 독립적으로 구성되어 있어 앞 문제를 풀지 않아도 다음 문제 풀이가 가능합니다.

3. 문제1은 데이터 불러오기를 통해 문제를 풀이하고, 문제2와 문제3은 답안에 데이터가 포함되어 있어 바로 문제 풀이를 진행하십시오.
   - 데이터 파일은 문제1을 위한 데이터 파일과 문제2,3을 위한 데이터 파일로 구성되어 있습니다.

4. 문제2와 문제3 풀이를 위해 필요한 일부 측정값, 필터가 답안파일에 미리 적용되어 있을 수 있습니다.
   - 문제에 제시된 완성 화면과 수험자가 작성한 개체의 색상이 다를 수 있습니다. 지시사항에 제시되지 않은 것은 변경하지 마십시오.
   - 사전에 적용된 필터 등이 삭제되지 않도록 '페이지 지우기' 기능을 절대 사용하지 마십시오.

5. 하위문제(①, ②, ③)별로 점수가 부여되며, 하위문제의 전체 지시사항(▶ 또는 - 표시된 지시사항)을 작업하지 않을 경우 점수가 부여되지 않습니다. ※부분 점수 없음

6. 본 시험에서 사용되는 데이터 파일 수와 데이터명은 아래와 같습니다.
   - [문제1] 데이터 파일수 : O개 / '파일명.xlsx'

| 파일명 | 파일명.xlsx | | | | | |
|---|---|---|---|---|---|---|
| 테이블 | 구조 | | | | | |
| OOO | | | | | | |
| | | | | | | |
| XXX | | | | | | |
| | | | | | | |

   - [문제2,3] 데이터 파일수 : O개 / '파일명.xlsx'

| 파일명 | 파일명.xlsx | | | | | |
|---|---|---|---|---|---|---|
| 테이블 | 구조 | | | | | |
| □□□<br>(필드OO개) | | | | | | |
| | | | | | | |
| | | | | | | |
| | | | | | | |

# 파워BI 실기 시행처 공개문제 〔A형〕

| 프로그램명 | 제한시간 |
|---|---|
| 파워BI 데스크톱 | 70분 |

수험번호 :

성　　명 :

※ 공개문제의 엑셀 데이터 파일은 https://license.korcham.net에서 다운로드 가능함

| 단일 | A형 |
|---|---|

## 〈 유 의 사 항 〉

■ 인적 사항 누락 및 잘못 작성으로 인한 불이익은 수험자 책임으로 합니다.

■ 화면에 암호 입력창이 나타나면 아래의 암호를 입력하여야 합니다.

　○ 암호: 000000

■ 작성된 답안은 주어진 경로 및 파일명을 변경하지 마시고 그대로 저장해야 합니다.

　이를 준수하지 않으면 실격 처리됩니다.

■ 외부데이터 위치: C:\PB\파일명

■ 별도의 지시사항이 없는 경우, 다음과 같이 처리 시 실격 및 0점 처리됩니다.

　○ 파일이 저장된 경로, 파일명을 임의로 변경한 경우 [실격]

　○ 데이터 원본파일을 임의로 수정하거나 삭제한 경우 [0점 처리]

　○ 대시보드/페이지명을 임의로 변경한 경우 [0점 처리]

■ 별도의 지시사항이 없는 경우, 개체의 속성은 기본 설정값(Default)으로 처리하십시오.

■ 지시사항 불이행, 오타 등으로 인한 불이익은 수험자 책임으로 합니다.

　○ 지시사항에 제시한 함수 외에 다른 함수를 사용하여 답안을 작성한 경우, 결과물이 답안과

　　동일하더라도 오답 처리됩니다.

　○ 개체명에 오타가 있을 경우 감점 처리됩니다.

■ 최종 답안 제출 시 시험 채점과 관계없는 개체(차트)는 삭제 후 제출합니다.

　○ 개체명에 오타가 있을 경우 감점 처리됩니다.

■ 제시된 화면은 예시이며 나타난 값은 실제와 다를 수 있습니다.

■ 저장 시간은 별도로 주어지지 아니하므로 제한된 시간 내에 저장을 완료해야 합니다.

■ 본 문제는 파워BI 데스크톱(Power BI Desktop) 버전 2.123.742.0 64-bit (2023년 11

　월)를 기준으로 작성되었습니다.

대한상공회의소

# 데이터 및 문제 안내

1. 최종 제출해야 할 답안파일은 1개입니다. 문제1, 문제2, 문제3의 답을 하나의 답안파일(.pbix)로 제출하십시오.

2. 문제1, 문제2, 문제3은 각각 독립적으로 구성되어 있어 앞 문제를 풀지 않아도 다음 문제 풀이가 가능합니다.

3. 문제2와 문제3 풀이를 위해 필요한 일부 측정값, 필터가 답안파일에 미리 적용되어 있을 수 있습니다. 지시사항에 제시되지 않은 것은 변경하지 마십시오.

4. 하위문제(①, ②, ③)별로 점수가 부여되며, 하위문제의 지시사항(▶ 또는 - 표시)을 이행하지 않을 경우 점수가 부여되지 않습니다.

5. 이 시험을 위한 데이터 파일은 2개이며, 문제1을 위한 데이터와 문제2의 데이터가 구분됩니다.

가. 문제1 풀이에는 '자전거 대여현황.xlsx'를 사용하십시오.

| 파일명 | 자전거 대여현황.xlsx | | | | | | | | |
|---|---|---|---|---|---|---|---|---|---|
| 테이블 | 구조 | | | | | | | | |
| 자전거 대여이력 | 대여일 | | 대여 대여소번호 | | 대여 대여소명 | | 대여건수 | | 이용거리 |
| | 2022-01-01 | | 4217 | | 한강공원 망원나들목 | | 95 | | 550629.53 |
| 대여소현황 | 대여소번호 | 대여소명 | 자치구 | 상세주소 | 위도 | 경도 | 설치시기 | 거치대수 (LCD) | 거치대수 (QR) | 운영방식 |
| | 207 | 여의나루역 1번출구 앞 | 영등포구 | 서울특별시 영등포구 여의동로 지하343 | 37.5271 5683 | 126.931 9 | 2015-09 -17 | 46 | | LCD |

나. 문제2와 문제3의 풀이에는 '판매실적.xlsx'를 사용하십시오

| 파일명 | 판매실적.xlsx | | | | | | | | | | |
|---|---|---|---|---|---|---|---|---|---|---|---|
| 테이블 | 구조 | | | | | | | | | | |
| 자전거 대여이력 | ID | 날짜 | 연도 | 월 | 연월 | 영문월 | 일 | 요일 | | | |
| | 20210101 | 2021-01-01 | 2021 | 1 | 2021-01 | Jan | 1 | 금 | | | |
| 대여소현황 | 거래처코드 | | 거래처명 | | · 채널 | | 시도 | | | | |
| | 1 | | 송파점 | | 아울렛 | | 서울 | | | | |
| 제품 | ID | 분류 코드 | 분류명 | 제품 분류코드 | 제품 분류명 | 제품코드 | 제품명 | 색상 | 사이즈 | 원가 | 단가 | 제조국 |
| | 1 | SJ-01 | 상의 | SJ-01206 | 티셔츠 | SJCSTS2061 | 폴리 카라 액티비 티셔츠 | PI | 90 | 48,000 | 120,000 | VIETNAM |
| 판매 | 판매ID | | 판매일 | 거래처코드 | 제품코드 | 단가 | 수량 | 매출금액 | 매출이익 | | |
| | 1 | | 2021-01-04 | 1 | SJCSCT20250 | 219,800 | 2 | 439,600 | 314,000 | | |

## 문제1 작업준비(20점)

### 1. 다음 지시사항에 따라 데이터 가져오기 및 편집을 수행하시오. (10점)

**1** 데이터 파일을 가져온 후 파워쿼리 편집기를 통해 테이블의 데이터를 편집하시오. (3점)
  - ▶ 가져올 데이터: '자전거 대여현황.xlsx' 파일의 〈자전거 대여이력〉, 〈대여소현황〉 테이블
  - ▶ 파워쿼리 편집기를 통해 〈자전거 대여이력〉 테이블의 [대여 대여소번호] 필드의 "210" 값 삭제
  - ▶ 필드의 데이터 형식 변경
    - [대여건수], [이용시간] 필드: '정수'
    - [이용거리] 필드: '10진수'

**2** 파워쿼리 편집기를 통해 〈자전거 대여이력〉 테이블에 〈대여소현황〉 테이블의 [자치구] 필드를 추가하시오. (4점)
  - ▶ 쿼리 병합 기능 사용
    - 〈자전거 대여이력〉 테이블의 [대여 대여소번호] 필드와 〈대여소현황〉 테이블의 [대여소번호] 필드를 기준으로 병합
    - 조인 종류: '왼쪽 외부'
  - ▶ 추가된 필드 이름: [자치구]
  - ▶ 〈대여소현황〉 테이블 로드 사용 해제

**3** 〈자전거 대여이력〉 테이블의 필드 서식을 변경하시오. (3점)
  - ▶ [대여일] 필드: '년도-월-일' 형식으로 표시되도록 적용
  - ▶ [대여건수] 필드: '정수', 천 단위에서 쉼표로 구분되도록 적용

### 2. 다음 지시사항에 따라 테이블 및 측정값을 추가하시오. (10점)

**1** 다음 조건으로 데이터 창에 테이블을 추가하시오. (4점)
  - ▶ 테이블 이름: 〈DimDate〉
    - 필드: [Date], [연도], [월] 필드 구성
    - 사용 함수: ADDCOLUMNS, CALENDAR, YEAR, MONTH
    - [Date] 필드의 시작일: 2022-01-01
    - [Date] 필드의 종료일: 2022-03-31
    - [연도], [월] 필드 : [Date] 필드 기준으로 값 표시
  - ▶ [Date] 필드 서식: '년도-월-일' 형식으로 표시되도록 적용

**2** 〈자전거 대여이력〉 테이블과 〈DimDate〉 테이블의 관계를 설정하시오. (3점)
  - ▶ 활용 필드: 〈자전거 대여이력〉 테이블의 [대여일] 필드, 〈DimDate〉 테이블의 [Date] 필드
  - ▶ 기준(시작) 테이블: 〈자전거 대여이력〉 테이블
  - ▶ 카디널리티: '다대일(*:1)' 관계
  - ▶ 크로스 필터 방향: '단일'

**❸** 다음 조건으로 〈자전거 대여이력〉 테이블에 측정값을 추가하시오. (3점)

▶ 측정값 이름: [총대여건수]
  - 활용 필드: 〈자전거 대여이력〉 테이블의 [대여건수] 필드
  - [대여건수]의 합계 계산
  - 사용 함수: SUM
  - 서식: '정수', 천 단위에서 쉼표로 구분되도록 적용

▶ 측정값 이름: [일평균 대여건수]
  - 활용 테이블 및 필드 : 〈DimDate〉 테이블, 〈자전거 대여이력〉 테이블의 [총대여건수] 측정값
  - [총대여건수]를 전체 일수로 나누기 계산
  - 사용 함수: COUNTROWS
  - 서식: '정수', 천 단위에서 쉼표로 구분되도록 적용

## 문제2 단순요소 구현(30점)

〈시각화 완성화면〉 각 세부문제 풀이 후 '문제2' 페이지에 아래와 같이 개체를 배치하시오.

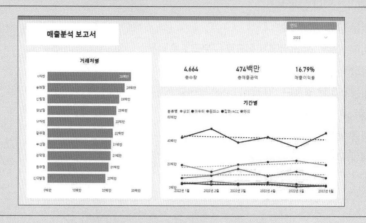

계산식 작성에 사용되는 문자열은 쌍따옴표(" ")를 사용하여 작성하시오.

### 1. '문제2', '문제3', '문제3-5' 페이지의 전체 서식을 설정하시오. (5점)

**1** 보고서 전체의 테마를 설정하고 테마 사용자 지정 기능을 사용하여 테마 색을 변경하시오. (3점)

▶ 보고서 테마: '기본값'

▶ 이름 및 색의 테마 색 변경
- 테마 색1: '#6699CC'
- 테마 색2: '#003377'

**2** 텍스트 상자를 사용하여 '문제2' 페이지에 보고서 제목을 작성하시오. (2점)

▶ 제목: "매출분석 보고서"
- 제목 서식: 글꼴 'Segoe UI', 글꼴 크기 '20', '굵게', '가운데'

▶ 텍스트 상자를 '1-②' 위치에 배치

### 2. 다음 지시사항에 따라 슬라이서와 카드를 구현하시오. (5점)

**1** 다음 조건으로 '문제2' 페이지에 슬라이서를 구현하시오. (2점)

▶ 활용 필드: 〈날짜〉 테이블의 [연도] 필드

▶ 슬라이서 설정
- 슬라이서 스타일: '드롭다운'
- 슬라이서에 '모두 선택' 항목이 표시되도록 설정

▶ 슬라이서 머리글이 보이지 않도록 설정

▶ 슬라이서 값: '2022' 필터 적용

▶ 슬라이서를 '2-①' 위치에 배치

**②** 다음 조건으로 '문제2' 페이지에 카드를 구현하시오. (3점)

▶ 활용 필드 및 표시 단위

- 〈판매〉 테이블의 [총수량], [총매출금액], [매출이익률] 측정값

- 표시 단위: [총수량] '없음', [총매출금액] '백만', [매출이익률] '없음'

▶ 설명 값 서식: 글꼴 크기 '20'

▶ 카드를 '2-②' 위치에 배치

## 3. 다음 지시사항에 따라 묶은 가로 막대형 차트를 구현하시오. (10점)

**①** 다음 조건으로 '문제2' 페이지에 묶은 가로 막대형 차트를 구현하시오. (4점)

▶ 활용 필드

- 〈거래처〉 테이블의 [거래처명] 필드

- 〈제품〉 테이블의 [분류명], [제품분류명] 필드

- 〈판매〉 테이블의 [총매출금액] 측정값

▶ '시각화 드릴 모드' 옵션 선택 시 [총매출금액]을 [거래처명], [분류명], [제품분류명]에 따라 순차적으로 확인할 수 있도록 설정

▶ '계층 구조에서 한 수준 아래로 확장' 옵션을 선택 시, Y축의 레이블이 연결되도록 설정

- 예) 송파점 아우터 자켓

▶ 도구 설명에 [총수량]이 표시되도록 추가

▶ 묶은 가로 막대형 차트를 '3-①' 위치에 배치

**②** 다음과 같이 묶은 가로 막대형 차트의 각 요소에 대한 서식을 지정하시오. (3점)

▶ 차트 제목: "거래처별"

- 제목 서식: 글꼴 'Segoe UI', '굵게', '가운데 맞춤'

▶ Y축: 축 제목 제거

▶ X축: 축 제목 제거, 표시 단위 '백만'

▶ 데이터 레이블: 표시 단위 '백만', 넘치는 텍스트가 표시되도록 설정

**③** 묶은 가로 막대형 차트에 '총매출금액' 기준으로 상위 10개의 '거래처'만 표시하시오. (3점)

## 4. 다음 지시사항에 따라 꺾은선형 차트를 구현하시오. (10점)

**①** 다음 조건으로 '문제2' 페이지에 꺾은선형 차트를 구현하시오. (4점)

▶ 활용 필드

- 〈날짜〉 테이블의 [날짜] 필드

• [날짜] 필드의 날짜 계층에서 '연도'와 '월' 사용

- 〈제품〉 테이블의 [분류명] 필드

- 〈판매〉 테이블의 [총매출금액] 측정값

▶ 꺾은선형 차트를 '4-①' 위치에 배치

**2** 다음과 같이 꺾은선형 차트의 각 요소에 대한 서식을 적용하시오. (3점)

    ▶ 차트 제목: "기간별"

      – 제목 서식: 글꼴 'Segoe UI', '굵게', '가운데 맞춤' 설정

    ▶ X축, Y축: 축 제목 제거

    ▶ 표식: 도형 유형 '원형(●)', 크기 '5', 색 '검정'

**3** 꺾은선형 차트에 [분류명]별 [총매출금액]의 추세를 확인할 수 있도록 추세선을 표시하시오. (3점)

〈시각화 완성화면〉각 세부문제 풀이 후 '문제3' 페이지에 아래와 같이 개체를 배치하시오.

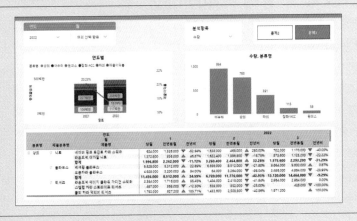

계산식 작성에 사용되는 문자열은 쌍따옴표(" ")를 사용하여 작성하시오.

### 1. 다음 지시사항에 따라 슬라이서와 꺾은선형 및 누적 세로 막대형 차트를 구현하시오. (10점)

**1** 다음 조건으로 '문제3' 페이지에 [연도] 슬라이서와 [월] 슬라이서를 구현하시오. (3점)

- ▶ 활용 필드: 〈날짜〉 테이블의 [연도], [월] 필드
- ▶ 슬라이서 설정
  - 슬라이서 스타일: '드롭다운'
  - 슬라이서에 '모두 선택' 항목이 표시되도록 설정
- ▶ 슬라이서 머리글이 보이지 않도록 설정
- ▶ 연도 슬라이서를 '1-①', 월 슬라이서를 '1-②' 위치에 배치

**2** 다음 조건으로 '문제3' 페이지에 꺾은선형 및 누적 세로 막대형 차트를 구현하시오. (3점)

- ▶ 활용 필드
  - 〈날짜〉 테이블의 [연도] 필드
  - 〈제품〉 테이블의 [분류명] 필드
  - 〈판매〉 테이블의 [총매출금액], [매출이익률] 측정값
- ▶ 데이터 레이블 표시
  - 표시 단위: 전체 범례의 [총매출금액] '백만', [매출이익률] '없음'
- ▶ 차트 제목: "연도별"
  - 제목 서식: 글꼴 'Segoe UI', '굵게', '가운데 맞춤' 설정
- ▶ X축: 유형 '범주별', 정렬 '오름차순 정렬' (2021 - 2022 순으로 정렬)
- ▶ 꺾은선형 및 누적 세로 막대형 차트를 '1-③' 위치에 배치

**3** [연도], [월] 슬라이서가 꺾은선형 및 누적 세로 막대형 차트에 적용되지 않도록 설정하시오. (4점)

  ▶ 슬라이서 값: 연도 '2022', 월 '1', '2', '3' 필터 적용

## 2. 다음 지시사항에 따라 매개 변수를 추가하시오. (10점)

**1** 다음 조건으로 매개 변수를 추가하시오. (4점)

  ▶ 매개 변수 이름: [분석항목]

   – 대상 필드: 〈판매〉 테이블의 [총수량], [총매출금액] 측정값

   – 이 페이지에 슬라이서 추가 옵션 설정

   – 매개 변수 필드 값 이름 변경: [총수량] → [수량], [총매출금액] → [매출금액]

**2** 다음 조건으로 '문제3' 페이지에 슬라이서를 구현하시오. (3점)

  ▶ 분석항목 슬라이서 설정

   – 슬라이서 스타일: '드롭다운'

   – 슬라이서의 선택 항목 중 한 가지의 항목만 선택할 수 있도록 설정

   – 슬라이서에 값 '수량'으로 필터

  ▶ 슬라이서를 '2-②' 위치에 배치

**3** 다음 조건으로 '문제3' 페이지에 묶은 세로 막대형 차트를 구현하시오. (3점)

  ▶ 활용 필드

   – 〈제품〉 테이블의 [분류명] 필드

   – 〈분석항목〉 테이블의 [분석항목] 필드

  ▶ 분석항목에 따라 Y축이 변경되도록 구현

  ▶ X축, Y축: 축 제목 제거

  ▶ 데이터 레이블: 배경 색 표시(기본값)

  ▶ 차트 제목

   – 제목 서식: 글꼴 'Segoe UI', '굵게', '가운데'

  ▶ 묶은 세로 막대형 차트를 '2-③' 위치에 배치

## 3. 다음 지시사항에 따라 행렬 차트를 구현하시오. (10점)

**1** 다음 조건으로 행렬 차트를 구현하시오. (3점)

  ▶ 활용 필드

   – 〈제품〉 테이블의 [분류명], [제품분류명], [제품명] 필드

   – 〈날짜〉 테이블의 [연도], [월] 필드

   – 〈판매〉 테이블의 [총매출금액], [전년동월 매출], [전년대비 증감률] 측정값

  ▶ 레이블명 변경

   – "총매출금액" → "당월"

   – "전년동월 매출" → "전년동월"

- "전년대비 증감률" → "전년비"
▶ 행렬 차트를 '3-①' 위치에 배치

❷ 다음과 같이 행렬 차트의 각 요소에 대한 서식을 지정하시오. (4점)
▶ 열 머리글: 계층 구조의 마지막 수준(월)까지 모두 확장
- 열 머리글 서식: 글꼴 '굵게', 배경색 '흰색, 20% 더 어둡게', 머리글 맞춤 '가운데'
▶ 행 머리글: 계층 구조의 마지막 수준(제품명)까지 확장, 서로 다른 열로 모든 행을 나열

❸ 행렬 차트에 조건부 서식을 적용하시오. (3점)
▶ 설정 적용 대상: '전년비'
▶ '아이콘' 사용
▶ 적용 대상: '값 및 합계'
▶ 서식 스타일: 규칙
- 0보다 크고 최대값보다 작거나 같은 경우, 녹색 위쪽 삼각형(▲)
- 최소값보다 크거나 같고 0보다 작은 경우, 빨간색 아래쪽 삼각형(▼)


**4. 다음 지시사항에 따라 '문제3' 페이지에 페이지 탐색기를 구현하시오. (5점)**
▶ 표시: '문제3_5' 페이지 적용 제외
▶ 선택한 상태의 단추 색: '테마 색1'
▶ 페이지 탐색기를 '4-①' 위치에 배치


**5. 다음 지시사항에 따라 측정값을 추가하시오. (15점)**
❶ 다음 조건으로 〈_측정값〉 테이블에 측정값을 추가하시오. (2점)
▶ 측정값 이름: 매출_매장
- 활용 필드
• 〈판매〉 테이블의 [총매출금액] 측정값
• 〈거래처〉 테이블의 [채널] 필드
- [채널] 필드 값이 "매장"인 경우의 [총매출금액]을 반환
- 사용 함수: CALCULATE, FILTER
- 서식: 천 단위에서 쉼표로 구분되도록 적용, '소수점 아래 0자리까지' 표시
- '문제3_5' 페이지의 [표1]에 [매출_매장] 열 삽입

❷ 다음 조건으로 〈_측정값〉 테이블에 측정값을 추가하시오. (5점)
▶ 측정값 이름: 전월_매출
- 활용 필드
• 〈판매〉 테이블의 [총매출금액] 측정값
• 〈날짜〉 테이블의 [날짜] 필드
- 1개월 전의 [총매출금액]을 반환

- 사용 함수: CALCULATE, DATEADD
- 서식: 천 단위에서 쉼표로 구분되도록 적용, '소수점 아래 0자리까지' 표시
- '문제3_5' 페이지의 [표2]에 [전월_매출] 열 삽입

❸ 다음 조건으로 〈_측정값〉 테이블에 측정값을 추가하시오. (3점)

▶ 측정값 이름: 연간_누계

- 활용 필드
  - 〈판매〉 테이블의 [총매출금액] 측정값
  - 〈날짜〉 테이블의 [날짜] 필드
- 연간 [총매출금액]의 누계 값을 반환
- 사용 함수: TOTALYTD
- 서식: 천 단위에서 쉼표로 구분되도록 적용, '소수점 아래 0자리까지' 표시
- '문제3_5' 페이지의 [표2]에 [연간_누계] 열 삽입

④ 다음 조건으로 〈_측정값〉 테이블에 측정값을 추가하시오. (5점)

▶ 측정값 이름: 순위

- 활용 필드
  - 〈판매〉 테이블의 [총수량] 측정값
  - 〈제품〉 테이블의 [제품명] 필드
- [제품명]을 기준으로 [총수량]의 순위를 반환
- 사용 함수: RANKX, ALL
- [총수량]이 동률인 경우 다음 순위 값은 동률 순위 +1을 한 순위로 표시
  - 예) 2개의 값이 2위인 경우, 다음 값은 3위로 표시
- [총수량] 기준 내림차순으로 정렬
- '문제3_5' 페이지의 [표3]에 [순위] 열 추가

# 파워BI 실기 시행처 공개문제 B형

| 프로그램명 | 제한시간 |
|---|---|
| 파워BI 데스크톱 | 70분 |

수험번호 :

성　명 :

※ 공개문제의 엑셀 데이터 파일은 https://license.korcham.net에서 다운로드 가능함

| 단일 | B형 |
|---|---|

## 〈 유 의 사 항 〉

■ 인적 사항 누락 및 잘못 작성으로 인한 불이익은 수험자 책임으로 합니다.

■ 화면에 암호 입력창이 나타나면 아래의 암호를 입력하여야 합니다.
　○ 암호: 000000

■ 작성된 답안은 주어진 경로 및 파일명을 변경하지 마시고 그대로 저장해야 합니다.
　이를 준수하지 않으면 실격 처리됩니다.

■ 외부데이터 위치: C:\PB\파일명

■ 별도의 지시사항이 없는 경우, 다음과 같이 처리 시 실격 및 0점 처리됩니다.
　○ 파일이 저장된 경로, 파일명을 임의로 변경한 경우 [실격]
　○ 데이터 원본파일을 임의로 수정하거나 삭제한 경우 [0점 처리]
　○ 대시보드/페이지명을 임의로 변경한 경우 [0점 처리]

■ 별도의 지시사항이 없는 경우, 개체의 속성은 기본 설정값(Default)으로 처리하십시오.

■ 지시사항 불이행, 오타 등으로 인한 불이익은 수험자 책임으로 합니다.
　○ 지시사항에 제시한 함수 외에 다른 함수를 사용하여 답안을 작성한 경우, 결과물이 답안과
　　동일하더라도 오답 처리됩니다.
　○ 개체명에 오타가 있을 경우 감점 처리됩니다.

■ 최종 답안 제출 시 시험 채점과 관계없는 개체(차트)는 삭제 후 제출합니다.
　○ 개체명에 오타가 있을 경우 감점 처리됩니다.

■ 제시된 화면은 예시이며 나타난 값은 실제와 다를 수 있습니다.

■ 저장 시간은 별도로 주어지지 아니하므로 제한된 시간 내에 저장을 완료해야 합니다.

■ 본 문제는 파워BI 데스크톱(Power BI Desktop) 버전 2.123.742.0 64-bit (2023년 11
월)를 기준으로 작성되었습니다.

대한상공회의소

## 데이터 및 문제 안내

1. 최종 제출해야 할 답안파일은 1개입니다. 문제1, 문제2, 문제3의 답을 하나의 답안파일(.pbix)로 제출하십시오.
2. 문제1, 문제2, 문제3은 각각 독립적으로 구성되어 있어 앞 문제를 풀지 않아도 다음 문제 풀이가 가능합니다.
3. 문제2와 문제3 풀이를 위해 필요한 일부 측정값, 필터가 답안파일에 미리 적용되어 있을 수 있습니다. 지시사항에 제시되지 않은 것은 변경하지 마십시오.
4. 하위문제(①, ②, ③)별로 점수가 부여되며, 하위문제의 지시사항(▶ 또는 – 표시)을 이행하지 않을 경우 점수가 부여되지 않습니다.
5. 이 시험을 위한 데이터 파일은 2개이며, 문제1을 위한 데이터와 문제2의 데이터가 구분됩니다.
   가. 문제1 풀이에는 '광역별 방문자수.xlsx'를 사용하십시오.

| 파일명 | 광역별 방문자수.xlsx | | | | |
|---|---|---|---|---|---|
| 테이블 | 구조 | | | | |
| A_광역별<br>방문자수 | 시군구코드 | 광역지자체 방문자 수 | 광역지자체 방문자 비율 | 기초지자체 방문자 수 | 기초지자체 방문자 비율 |
| | 32400 | 197,861,774 | 4.5 | 11,783,977 | 6 |
| B_광역별<br>방문자수 | 시군구코드 | 광역지자체 방문자 수 | 광역지자체 방문자 비율 | 기초지자체 방문자 수 | 기초지자체 방문자 비율 |
| | 32010 | 679,426,007 | 3.6 | 1.13E+08 | 16.6 |
| 행정구역<br>코드 | 행정동코드 | | 광역지자체명 | | 기초지자체명 |
| | 11010 | | 서울특별시 | | 종로구 |

나. 문제2와 문제3의 풀이에는 '방송판매.xlsx'를 사용하십시오.

| 파일명 | 방송판매.xlsx | | | | | | | |
|---|---|---|---|---|---|---|---|---|
| 테이블 | 구조 | | | | | | | |
| 방송주문 | 주문번호 | 담당MD | 방송일 | 거래처코드 | 제품번호 | 담당호스트 | 준비수량 | 판매수량 |
| | B0611-0035 | 6 | 2023-01-01 | 866179 | 8661791 | 김연아 | 2320 | 2100 |
| 담당자 | MD_ID | 사원명 | 직위 | 입사일자 | 매출계획(2023) | 매출계획(2024) | 총매출계획 | |
| | 1 | 민지혜 | 부장 | 2007-03-24 | 480,975,000 | 522,500,000 | 1,003,475,000 | |
| 제품정보 | ID | 거래처코드 | 제품번호 | 거래처명 | 분류 | 상품명 | 담당호스트 | 판매가격 | 매입원가 |
| | 8655351 | 865535 | 1 | 포커스 | 프린터/사무기기 | 복합기K910 | 최나연 | 560,000 | 410,000 |
| 날짜 | 날짜ID | | | | 날짜 | | | |
| | 202301 | | | | 2023-01-01 | | | |
| 고객불만 | 구분 | 처리번호 | | 처리일자 | 주문번호 | 고객ID | 물류사고내용 | |
| | 교환 | 불만족0504-0141 | | 2023-01-06 | T0610-0016 | 7 | 서비스및상품불만족 | |
| 고객 | 고객ID | | 고객명 | | | 시도 | | |
| | 1 | | 강경아 | | | 경북 | | |
| 거래처 | 거래처코드 | | | | 거래처명 | | | |
| | 865535 | | | | 포커스 | | | |

## 문제1 작업준비(20점)

계산식 작성에 사용되는 문자열은 쌍따옴표(" ")를 사용하여 작성하시오.

### 1. 다음 지시사항에 따라 데이터 가져오기 및 편집을 수행하시오. (10점)

**1** 데이터 파일을 가져온 후 파워쿼리 편집기를 통해 테이블의 데이터를 편집하시오. (3점)

▶ 가져올 데이터: '광역별 방문자수.xlsx' 파일의 〈A_광역별방문자수〉, 〈 B_광역별방문자수〉, 〈행정구역코드〉 테이블

▶ 파워쿼리 편집기를 통해 〈A_광역별방문자수〉, 〈B_광역별방문자수〉 테이블에서 [시군구코드], [기초지자체 방문자 수]를 제외한 다른 필드 삭제

▶ 필드 이름 변경
 – 〈A_광역별방문자수〉 테이블의 [기초지자체 방문자수] 필드 → [A시] 필드로 변경
 – 〈B_광역별방문자수〉 테이블의 [기초지자체 방문자수] 필드 → [B시] 필드로 변경

**2** 파워쿼리 편집기를 통해 〈A_광역별방문자수〉, 〈B_광역별방문자수〉 테이블을 활용하여 새로운 테이블을 추가하고 편집하시오. (4점)

▶ 쿼리 병합 기능 사용
 – 테이블 이름: 〈지자체별 방문자수〉
 – 〈A_광역별방문자수〉, 〈B_광역별방문자수〉 테이블의 [시군구코드] 필드를 기준으로 병합
 – 조인 종류: '왼쪽 외부'

▶ 〈지자체별 방문자수〉 테이블의 [A시], [B시] 필드에 열 피벗 해제 기능 적용

▶ 필드 이름 변경
 – 〈지자체별 방문자수〉 테이블의 [특성] 필드 → [이동통신] 필드로 변경
 – 〈지자체별 방문자수〉 테이블의 [값] 필드 → [방문자수] 필드로 변경

**3** 파워쿼리 편집기를 통해 〈지자체별 방문자수〉 테이블에 〈행정구역코드〉 테이블의 [광역지자체명] 필드를 추가하시오. (3점)

▶ 쿼리 병합 기능 사용
 – 〈지자체별 방문자수〉 테이블의 [시군구코드] 필드와 〈행정구역코드〉 테이블의 [행정동코드] 필드를 기준으로 병합
 – 조인 종류: '왼쪽 외부'

▶ 추가된 필드 이름: [광역지자체명]

### 2. 파워쿼리 편집기를 통해 필드를 추가하고 데이터 모델링 작업을 수행하시오. (10점)

**1** 〈행정구역코드〉 테이블에 필드를 추가하시오. (4점)

▶ 조건 열 기능 사용

- 필드 이름: [지역 구분]
- 활용 필드: 〈행정구역코드〉 테이블의 [광역지자체명]
- 〈행정구역코드〉 테이블의 [광역지자체명] 필드값이 "서울특별시", "경기도", "인천광역시"일
  경우 "수도권", 그 외의 값일 경우 "지방권"을 반환
- 추가된 필드의 데이터 형식: '텍스트'

**❷** 〈A_광역별방문자수〉, 〈B_광역별방문자수〉 테이블의 로드 사용을 해제하시오. (3점)

**❸** 〈지자체별 방문자수〉 테이블과 〈행정구역코드〉 테이블의 관계를 설정하시오. (3점)

▶ 활용 필드: 〈지자체별 방문자수〉의 [시군구코드] 필드, 〈행정구역코드〉의 [행정동코드] 필드

▶ 기준(시작) 테이블: 〈지자체별 방문자수〉 테이블

▶ 카디널리티: '다대일(*:1)' 관계

▶ 크로스 필터 방향: '단일'


## 3. 다음 지시사항에 따라 테이블 및 측정값을 추가하시오. (10점)

**❶** 다음 조건으로 테이블과 측정값을 추가하시오. (4점)

▶ 테이블 이름: 〈요약〉

- 활용 필드: 〈지자체별 방문자수〉 테이블의 [광역지자체명], [방문자수] 필드
- 〈행정구역코드〉 테이블의 [광역지자체명] 필드를 기준으로 방문자 수의 합계 반환
- 사용함수: SUM, SUMMARIZE
- 〈요약〉 테이블과 〈지자체별 방문자수〉 테이블 관계 설정
  • 활용 필드: 〈요약〉, 〈지자체별 방문자수〉 테이블의 [광역지자체명] 필드
  • 기준(시작) 테이블: 〈지자체별 방문자수〉 테이블
  • 카디널리티: '다대일(*:1)' 관계
  • 크로스 필터 방향: '단일'

▶ 측정값 이름: [광역지자체수]

- 활용 필드: 〈행정구역코드〉 테이블의 [광역지자체명] 필드
- [광역지자체명]의 개수 반환
- 사용함수: DISTINCTCOUNT

**❷** 다음 조건으로 측정값을 추가하시오. (3점)

▶ 측정값 이름: [서울지역 방문자수]

- 활용 필드: 〈지자체별 방문자수〉 테이블의 [방문자수], [광역지자체명] 필드
- 서울지역 [방문자수]의 합계 반환
- 〈지자체별 방문자수〉 테이블에 적용된 필터 제외
- 사용함수: ALL, CALCULATE, FILTER, SUM
- 서식: 천 단위에서 쉼표로 구분되도록 적용

▶ 측정값 이름: [서울방문자비율 %]

    – 활용 필드: [서울지역 방문자수] 측정값, 〈요약〉 테이블의 [합계] 필드

    – 전체 방문자 수의 [합계]에 대한 [서울지역 방문자수]의 비율 반환

    – 사용함수: DIVIDE, SUM

    – 서식: '백분율', '소수점 아래 2자리까지' 표시

❸ 다음 조건으로 데이터 창에 테이블을 추가하시오. (3점)

▶ 테이블 이름: 〈측정값T〉

    – [광역지자체수], [서울지역 방문자수], [서울방문자비율 %] 측정값을 테이블에 추가

## 문제2 단순요소 구현(30점)

〈시각화 완성화면〉 각 세부문제 풀이 후 '문제2' 페이지에 아래와 같이 개체를 배치하시오.

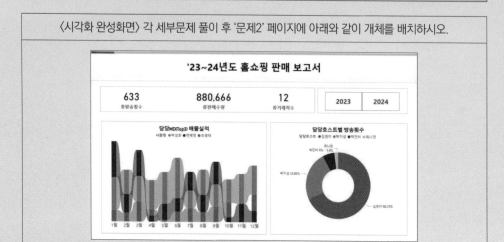

계산식 작성에 사용되는 문자열은 쌍따옴표(" ")를 사용하여 작성하시오.

### 1. '문제2', '문제3' 페이지의 전체 서식을 설정하시오. (5점)

**1** '문제2'와 '문제3' 페이지의 캔버스 배경을 설정하시오. (3점)

▶ 배경 이미지
  - '문제2' 페이지: '문제2-배경.png'
  - '문제3' 페이지: '문제3-배경.png'

▶ 캔버스 배경 설정
  - 이미지 맞춤: '기본'
  - 투명도: '0%'

▶ 보고서 테마: '기본값'

**2** 텍스트 상자를 사용하여 '문제2' 페이지에 보고서 제목을 작성하시오. (2점)

▶ 제목 : "23~24년도 홈쇼핑 판매 보고서"
  - 제목 서식: 글꼴 'Segoe UI', 글꼴 크기 '28', '굵게', '가운데'

▶ 텍스트 상자를 '1-②' 위치에 배치

### 2. 다음 지시사항에 따라 카드와 슬라이서를 구현하시오. (5점)

**1** 다음 조건으로 '문제2' 페이지에 카드를 구현하시오. (3점)

▶ 활용 필드: 〈방송주문〉 테이블의 [총방송횟수], [총판매수량], [총거래처수] 측정값

▶ 설명 값 서식: 글꼴 'DIN', 글꼴크기 '33', 표시 단위 '없음'

▶ 범주 레이블 서식: 글꼴 'Segoe UI', 글꼴크기 '13', '굵게'

▶ 카드를 '2-①' 위치에 배치

❷ 다음 조건으로 '문제2' 페이지에 슬라이서를 구현하시오. (2점)
　▶ 활용 필드: 〈날짜〉 테이블의 [년] 필드
　▶ 슬라이서 스타일: '타일'
　▶ 값 서식: 글꼴 'Segoe UI', 글꼴 크기 '19', '굵게'
　▶ 슬라이서 머리글이 보이지 않도록 설정
　▶ '반응형' 옵션 해제
　▶ 슬라이서를 '2-②' 위치에 배치

### 3. 다음 지시사항에 따라 리본 차트를 구현하시오. (10점)
❶ 다음 조건으로 '문제2' 페이지에 리본 차트를 구현하시오. (3점)
　▶ 활용 필드
　　– 〈날짜〉 테이블의 [월이름] 필드
　　– 〈담당자〉 테이블의 [사원명] 필드
　　– 〈방송주문〉 테이블의 [판매가격] 필드
　▶ 도구 설명에 [총판매수량]이 표시되도록 추가
　▶ 리본 차트를 '3-①' 위치에 배치
❷ 다음과 같이 리본 차트의 각 요소에 대한 서식을 지정하시오. (4점)
　▶ 차트 제목: "담당MD(Top3) 매출실적"
　　– 제목 서식: 글꼴 'DIN', 글꼴 크기 '15', '굵게', '가운데 맞춤'
　▶ X축: 글꼴 크기 '12', 축 제목 제거
　▶ Y축: 축 제목 제거, 값 제거
　▶ 범례: 위치 '위쪽 가운데'
　▶ 리본: 색의 '투명도 50%'
❸ 리본 차트에 [판매가격]이 상위 3위인 [사원명]만 표시되도록 설정하시오. (3점)

### 4. 다음 지시사항에 따라 도넛형 차트를 구현하시오. (10점)
❶ 다음 조건으로 '문제2' 페이지에 도넛형 차트를 구현하시오. (4점)
　▶ 활용 필드: 〈방송주문〉 테이블의 [담당호스트] 필드, [총방송횟수] 측정값
　▶ 차트 제목: "담당호스트별 방송횟수"
　　– 제목 서식: 글꼴 'Segoe UI', '굵게', '가운데'
　▶ 범례: 위치 '위쪽 가운데'
　▶ 도넛형 차트를 '4-①' 위치에 배치

**2** 다음과 같이 도넛형 차트의 조각에 대한 서식을 지정하시오. (3점)

▶ 색상: 김연아 '#E645AB'

▶ 내부 반경: '50%'

**3** 다음과 같이 도넛형 차트의 세부 정보 레이블에 대한 서식을 지정하시오. (3점)

▶ 레이블 내용: '범주, 총퍼센트'로 표시

▶ 위치: '바깥쪽 우선'

## 문제3 복합요소 구현(40점)

〈시각화 완성화면〉 각 세부문제 풀이 후 '문제3' 페이지에 아래와 같이 개체를 배치하시오.

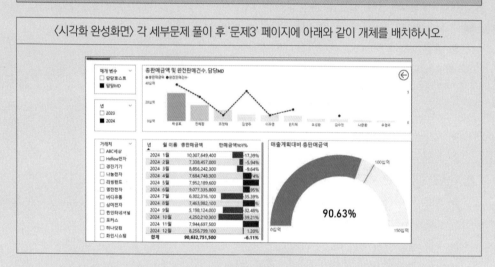

계산식 작성에 사용되는 문자열은 쌍따옴표(" ")를 사용하여 작성하시오.

## 1. 다음 지시사항에 따라 꺾은선형 및 묶은 세로 막대형 차트를 구현하시오. (10점)

**1** 다음 조건으로 〈방송주문〉 테이블에 측정값을 추가하시오. (3점)

▶ 측정값 이름: [완전판매건수]

– 활용 필드: 〈방송주문〉 테이블의 [주문번호], [준비수량], [판매수량] 필드

– [준비수량]이 모두 판매된 [주문번호]의 건 수 계산

– 사용함수: CALCULATE, COUNT, FILTER

▶ 측정값 이름: [총판매금액]

– 활용 필드: 〈방송주문〉 테이블의 [판매수량], [판매가격] 필드

– 판매금액의 합계 계산

– 사용함수: SUMX

– 서식: 천 단위에서 쉼표로 구분되도록 적용

**②** 다음 조건으로 매개 변수를 추가하고 '문제3' 페이지에 슬라이서를 구현하시오. (3점)

▶ 매개 변수 추가

– 대상 필드

• 〈방송주문〉 테이블의 [담당호스트] 필드

• 〈담당자〉 테이블의 [사원명] 필드

– 이 페이지에 슬라이서 추가 옵션 설정

– 매개 변수 필드 이름 변경: [사원명] → [담당MD]

▶ 슬라이서 값: '담당MD' 필터 적용

▶ 슬라이서를 '1-②' 위치에 배치

**③** 다음 조건으로 '문제3' 페이지에 꺾은선형 및 묶은 세로 막대형 차트를 구현하시오. (4점)

▶ 활용 필드

– 〈방송주문〉 테이블의 [총판매금액], [완전판매건수] 측정값

– [매개 변수] 매개 변수

▶ [매개 변수]에 따라 X축이 변경되도록 구현

▶ X축, Y축, 보조Y축: 축 제목 제거

▶ 꺾은선형 차트 서식

– 선 스타일: '파선'

– '표식' 옵션 설정

▶ 묶은 세로 막대형 차트에 조건부 서식 적용

– 서식 스타일: 그라데이션

– [총판매금액]의 최소값 '백억(10,000,000,000)', 최대값 '5백억(50,000,000,000)'으로 설정

▶ 꺾은선형 및 묶은 세로 막대형 차트를 '1-③' 위치에 배치

## 2. 다음 지시사항에 따라 슬라이서와 테이블 차트를 구현하시오. (10점)

**①** 다음 조건으로 '문제3' 페이지에 슬라이서를 구현하시오. (3점)

▶ 〈방송주문〉 테이블에 새 열 추가

– 열 이름: [거래처]

– 활용 필드: 〈거래처〉 테이블의 [거래처명] 필드

– 〈방송주문〉 테이블에서 〈거래처〉 테이블의 [거래처명] 필드의 값을 반환

– 사용함수: RELATED

▶ 활용 필드

– 〈날짜〉 테이블의 [년] 필드

- 〈방송주문〉 테이블 [거래처] 열
▶ 슬라이서 스타일: '세로 목록'
▶ 슬라이서 값: '2024' 필터 적용
▶ 슬라이서를 '2-①'에 배치
**2** 다음 조건으로 〈방송주문〉 테이블에 측정값을 추가하시오. (3점)
▶ 측정값 이름: [판매금액PY]
- 활용 필드
  • 〈방송주문〉 테이블의 [총판매금액] 측정값
  • 〈날짜〉 테이블의 [날짜] 필드
- 전년도의 [총판매금액]을 반환
- 사용함수: CALCULATE, DATEADD
- 서식: '정수', 천 단위에서 쉼표로 구분되도록 적용
▶ 측정값 이름: [판매금액YoY%]
- 활용 필드: 〈방송주문〉 테이블의 [총판매금액], [판매금액PY] 측정값
- 전년대비 금년도 매출의 비율 반환
- 사용함수: DIVIDE
- 서식: '백분율', '소수점 아래 2자리까지' 표시
**3** 다음 조건으로 '문제3' 페이지에 테이블 차트를 구현하시오. (4점)
▶ 활용 필드
- 〈날짜〉 테이블의 [년], [월 이름] 필드
- 〈방송주문〉 테이블의 [총판매금액], [판매금액YoY%] 측정값
▶ 값, 열 머리글 서식: 글꼴 크기 '13'
▶ 정렬: [년] 기준 '내림차순'
▶ 조건부 서식 적용
- 설정 적용 대상: '판매금액YoY%'
- '데이터 막대' 사용
- 양수 막대 색: '자주(#4A2D75)', 음수 막대 색: '빨강(#FF0000)'
▶ 테이블 차트를 '2-③' 위치에 배치

## 3. 다음 지시사항에 따라 계기 차트와 카드를 구현하시오. (10점)
**1** 다음 조건으로 '문제3' 페이지에 계기 차트를 구현하시오. (4점)
▶ 활용 필드: 〈방송주문〉 테이블의 [총판매금액] 측정값
▶ 게이지 축 설정
- 최대값: '천오백억(150,000,000,000)'

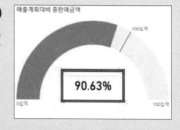

- 대상: '천억(100,000,000,000)', 색상 '테마 색 5'
▶ 설명 값 제거
▶ 차트 제목: "매출계획대비 총판매금액"
  - 제목 서식: 글꼴 크기 '15'
▶ 계기 차트를 '3-①' 위치에 배치

2 다음 조건으로 〈방송주문〉 테이블에 측정값을 추가하시오. (3점)

▶ 측정값 이름: [목표대비총판매비율%]
  - 활용 필드: 〈방송주문〉 테이블의 [총판매금액] 측정값
  - 목표(대상) 대비 [총판매금액]의 비율 반환
  - 사용함수: DIVIDE
  - 서식: '백분율', '소수점 아래 2자리까지' 표시

3 다음 조건으로 '문제3' 페이지에 카드를 구현하시오. (3점)

▶ 활용 필드: 〈방송주문〉 테이블의 [목표대비총판매비율%] 측정값
▶ 설명 값 서식: 글꼴크기 '28', 표시 단위 '없음'
▶ 범주 레이블 제거
▶ 카드를 그림과 같이 지정된 위치에 배치

## 4. 다음 지시사항에 따라 페이지와 시각적 개체 간 상호 작용 기능을 설정하시오. (10점)

1 다음 조건으로 '문제3' 페이지에 단추를 구현하시오. (4점)

▶ 종류: '뒤로'
▶ 두께: '2px'
▶ 가로 맞춤: '오른쪽'
▶ 작업 유형: '페이지 탐색', 대상 '문제2'
▶ 단추를 그림과 같이 지정된 위치 (4-①)에 배치

2 다음과 같이 시각적 개체의 상호 작용을 설정하시오. (3점)

▶ [년] 슬라이서: [거래처] 슬라이서와 상호 작용 '없음'
▶ 테이블 차트: 계기 차트, 카드와 상호 작용 '없음'

3 다음과 같이 시각적 개체의 상호 작용을 설정하시오. (3점)

▶ [거래처] 슬라이서: 꺾은선형 및 묶은 세로 막대형 차트, 계기 차트, 카드와 상호 작용 '없음'

## 저자 소개

### 변정한
· 현 케이빅데이터 대표(전 오피스데브)
· 서강대학교 대학원 경제학과 석사 졸업
· 마이크로소프트 MVP 2002~2022(12회 차)
· 데이터베이스 전문 오사모 카페 운영 회원 2만 명
  (http://cafe.naver.com/office2080)
· 통계청 산하 사단법인 한국 빅데이터협회 사무총장
· 제8회 국제 장애인 기능올림픽대회 IT 운영위원/국무총리상 포상 대상
· 『Power BI를 활용한 빅데이터 시각화 분석』, 컴원미디어
· 『스마트팜, 스마트팩토리 DIY』, 생각나눔
· 『엑셀과 MS SQL을 활용한 빅데이터 처리와 통계분석』, 컴원미디어

### 이순철
· 부산외국어대학교 경제통상학과 교수
· 미국 오클라호마 대학 경제학 박사
· 한국 산업경제학회 부회장
· 주한 인디아센터 원장

### 변우재
· 경희대 정경대 국제통상·금융투자학부
· 전)한국사회보장정보원 근무(2016~2024.1.)
· 통계센터/개별자격정보부/건강보건사업부
· 보건복지부 ICT 기반 의료정책 유공 표창(2023.11.)
· 사회보장정보원 우수직원 표창(2017.12.)
· 서울특별시의회 표창(2017.2.)
· 투자자산운용사(2024.6.)
· ADsP(데이터 분석 준전문가), JLPT N3(2024.8.)
· 정보처리기능사/전산회계 1급